KB119619

미국사를 뒤흔든
5대 전염병

미국사의 변곡점에서 펼쳐진 전염병과 대통령의 뒷이야기

★ ★ ★ ★ ★

미국사를 뒤흔든
5대 전염병

김서형 지음

★ ★ ★
황열병부터 소아마비까지,
조지 워싱턴부터
프랭클린 D. 루즈벨트까지

★ ★ ★
수백 년 미국사의 주요 흐름을
전염병과 대통령 이야기로
펼쳐내다!

미국 사회를 휩쓴
5대 전염병과 대통령 리더십 ──────────

2019년 12월, 중국 후베이湖北성 우한武漢에서 집단 폐렴이 발생했다. 처음에는 질병의 원인을 알 수 없었다. 2020년 1월 9일, 세계보건기구World Health Organization; WHO는 폐렴의 원인이 새로운 유형의 코로나바이러스라고 밝혔다.

코로나바이러스는 사람에게 감기를 유발하는 바이러스 중 하나다. 전자 현미경으로 관찰하면 바이러스 표면이 돌기처럼 튀어나와 있는데, 이 모양이 마치 왕관처럼 생겨 라틴어로 왕관을 의미하는 '코로나'라는 이름이 붙었다.

코로나바이러스는 1930년대 닭에서 처음 발견되었다. 이후 개나 돼지 등의 동물에서도 나타났다. 동물들 사이에서만 유행하던 바이러스가 유전자 변이를 일으켰고, 1960년대부터 사람도 코로나바이러스에 감염되었다. 코로나바이러스에 감염되면 2~14일 정도의 잠복기를 거친 후 열이나 기침, 폐렴 등의 증상이 나타난다. 아무런 증상이 나타나지 않는 환자도 많다.

2020년 3월 11일, WHO는 코로나바이러스감염증-19COVID-19에 대해 '팬데믹'을 선포했다. 팬데믹은 전염병이 세계적으로 유행하는 최고 단계로 역사학자들은 인류 최초의 팬데믹을 로마 시대에 발생한 천연두로 언급한다. 이후 인류 역사 속에서 다양한 팬데믹이 발생했는데, 14세기의 흑사병이나 1918년 인플루엔자, 2009년 신종 플루 등을 들 수 있다.

오늘날처럼 과학과 의학이 발전한 시대조차 COVID-19와 같은 유행성 전염병을 통제하는 데 많은 어려움을 겪는다. 유행성 전염병의 원인을 밝히고 적절한 치료 방법과 효과적인 백신을 개발하는 데 오랜 시간이 걸릴 뿐만 아니라 여전히 많은 사람이 백신과 치료제의 효능에 의문을 제기하기 때문이다. 사회적 거리 두기나 마스크 착용 등과 같은 기본 위생수칙을 둘러싸고 수많은 논란이 제기된다.

그렇다면 근대 의학이 발전하지 못한 시대에 치명적인 유행성 전염병이 발생했을 때 사람들은 어떻게 대처했을까? 오늘날처럼 백신이나 치료제 기술이 발달하지 못한 상황에서 유행성 전염병이 급속하게 확산되고 사망자가 급증하는 상황에서 전염병을 통제하기 위해 어떤 노력을 했을까?

미국 사회에 치명적인 영향을 미쳤던 다섯 가지 유행성 전염병에 대해 살펴보고자 한다. 식민지 시기부터 수많은 사망자를 초래했던 천연두와 독립전쟁 이후 미국 사회를 공포로 몰아넣었던 황열병, 19세기 중반부터 빈번하게 발생했던 콜레라, 갑자기 발생했다가 종전과 함께 소리 없이 사라진 1918년 인플루엔자, 그리고 1950년대까지 미국 사회의 가장 치명적인 유행성 전염병이었던 소아마비.

단순히 유행성 전염병의 특징이나 사망자 수만 살펴보는 게 아니라 치명적인 유행성 전염병이 미국 사회에 미친 영향과 유행성 전염병을 통제하기 위한 전 층위적인 노력을 당시 재임했던 대통령의 리더십과 연계해 살펴보고자 했다.

미국은 대통령제가 처음 시행된 국가로 미국 대통령은 다양한 면에서 리더십을 보이며 국민과 국가에 봉사했다. 대통령의 리더십은 유행성 전염병과 같은 국가적 위기에 대응하는 과정에서 더욱 분명하게 살펴볼 수 있다.

미국 사회를 휩쓸었던 다섯 가지 유행성 전염병의 역사적,

시대적 배경과 맥락을 살펴보고 유행성 전염병을 통제하고 대처하는 과정에서 나타난 대통령 리더십을 함께 고찰할 것이다. 다양한 시각과 관점에서 과거 미국 사회가 전염병에 대처했던 태도를 분석하고 역사적 교훈을 얻고자 한다.

역사학자 에드워드 핼릿 카^{Edward Hallett Carr}에 따르면, "역사는 역사가와 사실 사이의 지속적인 상호작용 과정이다(A history is a continuous process of interaction between the historian and facts)." 역사학자는 과거의 사실을 새롭게 해석함으로써 의미와 가치를 부여한다.

과거의 치명적인 유행성 전염병에 대응하는 대통령 리더십의 본질을 다양한 시각과 관점에서 해석하고 이해함으로써 21세기에도 여전히 우리를 위협하는 글로벌 전염병에 대응할 수 있는 의미 있는 메시지가 전달되길 기대한다.

1장   근대 의학 발전 이전 시기의 전염병
_황열병과 조지 워싱턴

2장 백신으로 전염병을 이겨내려 한 노력

_천연두와 토머스 제퍼슨

3장 전염병 통제에 관심이 없던 대중의 대통령

_콜레라와 앤드류 잭슨

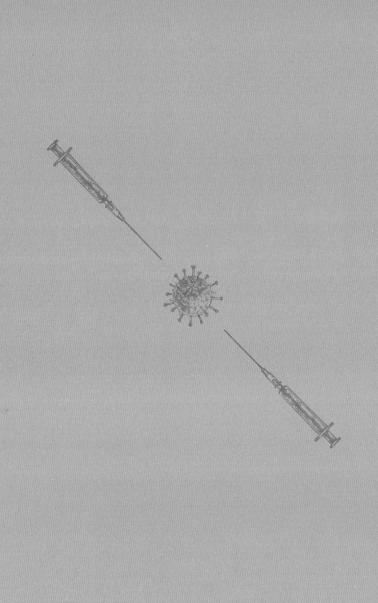

근대 의학 발전 이전 시기의 전염병

황열병과 조지 워싱턴

크리스토퍼 콜럼버스는 왜
아메리카로 향했을까

2021년 10월 8일, 미국 제46대 대통령 조 바이든^{Joe Biden}은 역대 미국 대통령 가운데 최초로 '원주민의 날^{Indigenous Peoples' Day}'을 기념하는 포고문을 공포했다. '원주민의 날'은 매년 10월 둘째 주 월요일로 아메리카 원주민을 기념하고 그들의 역사와 문화를 기리는 날이다.

아메리카의 여러 국가에선 오랫동안 10월 12일을 '콜럼버스의 날^{Columbus Day}'로 지정했다. 이탈리아 제노바 공화국 출신 탐험가 크리스토퍼 콜럼버스^{Christopher Columbus}의 아메리카 발견을 기념하기 위해서였다. 그러나 학살과 노예무역 등 콜럼버스가 아메리카 원주민에게 미친 부정적인 영향이 강조되면서 미국의 여러 주에선 '콜럼버스의 날'을 '원주민의 날'로 대체했다.

사실 콜럼버스는 아메리카를 발견한 사람이 아니다. 그가 아메리카에 도착하기 전부터 아메리카에는 이미 원주민 문명과 제국이 존재했기 때문에 아메리카를 발견했다는 건 유럽인의 관점일 뿐이다. 심지어 콜럼버스는 아메리카에 최초로 도착한 유럽인도 아니었다.

960년경 노르웨이에 거주하던 바이킹 에이리크 힌 라우디 Eiríkur hinn Rauði는 살인사건으로 추방당할 위기에 처하자 아이슬란드 서쪽에 있는 땅을 찾아 탐험했다. 바로 그린란드다. 이후 985년에 많은 개척자와 함께 그린란드로 이동해 수백 년 이상 정착했다. 이를 입증하는 11세기의 은화가 발견되기도 했다.

향신료의 세계사

콜럼버스는 왜 아메리카로 항해했을까. 그에게 항해의 가장 중요한 목적은 향신료였다. 일반적으로 향신료는 음식에 향기나 매운맛을 더하는 조미료를 의미하는데, 대표적인 향신료로는 후추, 정향, 바닐라, 생강, 마늘, 파, 겨자 등을 들 수 있다.

이 가운데 후추는 후추나무의 열매로 인도 남부 말라바가

원산지다. 아미노산 생성물이라 향이 강하고 피페리딘이라는 성분이 육류의 좋지 않은 냄새를 없애주기 때문에 오랫동안 중요한 향신료로 사용되었다.

고대에 후추는 주로 의약품으로 사용되었다. 이집트 파라오 람세스 2세Ramesses II의 미라에서 후추 열매가 발견되었는데, 주검의 부패를 방지하고자 넣은 것으로 추정된다.

당시 이집트는 인도에서 후추를 수입했는데 홍해에서 인도양을 건너 후추를 구매한 후 이집트로 돌아왔다. 이때 이용한 게 바로 무역풍이다.

무역풍은 지구의 자전으로 발생하는 전향력轉向力 때문에 북위 및 남위 30° 이하의 저위도에서 부는 고온다습한 바람이다. 북반구에선 북동쪽으로 불고, 남반구에선 남동쪽으로 비교적 일정하게 분다. 15세기 말, 콜럼버스도 무역풍을 이용해 인도로 항해하려는 계획을 세웠다.

기원전 4세기 초, 마케도니아의 알렉산더 대왕Alexandros the Great은 지중해에서 인도 인더스강 유역에 이르는 광대한 제국을 건설했다. 이후 인도의 후추는 유럽으로 전파되었다. 로마 제국에서 후추는 향신료 외에 의약품이나 방부제, 최음제 등으로 사용되면서 가치가 매우 높았다.

로마 제국의 가장 유명한 시인 퀸투스 호라티우스 플라쿠스Quintus Horatius Flaccus는 후추 사업으로 부를 축적하고자 했고, 정치인이자 군인 가이우스 플리니우스 세쿤두스^{Gaius Plinius Secundus}는 『박물지博物誌』에 값비싼 후추 거래에 관해 기록하기도 했다.

로마 제국이 이집트를 정복하면서 후추를 비롯해 계피와 생강 등과 같은 향신료 수입은 더욱 증가했다. 한 기록에 따르면, 당시 로마 제국 요리의 80% 이상이 후추를 사용했다.

3세기 말, 로마 제국을 네 개의 도로 나눠 통치함으로써 황제 권력을 강화하려 했던 디오클레티아누스^{Diocletianus} 황제는 가격 통제 칙령을 발포할 때 후추를 포함시켰는데, 당시 후추 가격은 토목공사 현장 인부의 2~3주치 임금에 달하는 수준이었다. 서로마 제국의 몰락 이후에도 후추 수요는 계속 급증했고, 후추는 여전히 비싼 상품이었다.

610년 예언자 무함마드^{Muhammad}는 천사 지브릴^{Jibra'il}에게 알라^{Allāh}의 계시를 받고 '알라 외에 신은 없다'라는 유일신 신앙을 기반으로 이슬람교를 창시했다. 당시 아라비아 통치자들은 최고신과 자녀신을 숭배하는 다신교를 믿었다.

박해를 피해 메디나로 간 무함마드는 630년에 메카를 함락하고 이슬람 공동체를 설립했다. 이후 이슬람교는 아라비아반도 전역으로 급속하게 확산되었으며, 그 과정에서 탄생한 이슬람 제국은 제1차 세계대전으로 패망할 때까지 무려 1,291년 동안 존재했다.

로마 제국이 이집트를 식민지로 삼았을 때는 후추 수입에 별다른 어려움이 없었다. 그러나 이슬람 제국이 팽창하면서 향신료를 판매하는 이슬람 상인과 수입하는 유럽 상인 사이에 갈등이 빈번하게 발생했다.

더욱이 이슬람 상인들은 향신료를 비싼 가격에 판매하고자 그리스 역사가 헤로도토스Herodotos의 『역사Historiae』에 등장하는 허황된 계피 이야기를 일부러 널리 퍼트렸다.

> **"실론 계피는 아랍 지역의 불사조 둥지에서 발견된다. 불사조 둥지는 매우 가파른 곳에 있기 때문에 쉽사리 갈 수 없다. 그러나 아랍인들은 죽은 동물을 여러 조각으로 잘라 불사조 둥지 근처에 던져 놓았고, 불사조는 이 고기 조각을 둥지로 가져갔다. 결국 둥지는 고기 무게를 이기지 못해 무너졌고 아랍인들은 계피를 손에 넣을 수 있었다."**

11세기 말 이후 이슬람 제국을 통해 유럽에 더 많은 향신료가 수입되었다. 직접적인 계기는 십자군 전쟁이었다. 십자군 전쟁은 1095년부터 1291년까지 예루살렘을 비롯한 레반트 지역의 패권을 둘러싸고 발생한 전쟁이다.

당시 동로마 제국은 이슬람 제국의 팽창으로 아나톨리아 일대를 상실했는데, 잃어버린 영토를 회복하고자 교황 우르바노 2세Urbanus II에게 사절단을 파견했다. 십자군 전쟁은 순례자에 대한 종교적 박해와 탄압으로 발생했다고 알려졌지만, 세속 군주와 그리스정교에 대한 교황의 권위 확대가 더 구체적이고 정확한 동기라고 할 수 있다.

십자군 전쟁은 총 8차까지 파견되었다. 제1차 십자군 전쟁에선 예루살렘을 수복해 십자군 국가를 만들었고, 제6차 십자군 전쟁에선 협상으로 예루살렘의 통치권을 양도받았다. 그러나 나머지 십자군 전쟁은 모두 실패했다.

특히 제4차 십자군 전쟁 이후 1212년에 프랑스와 독일에선 신앙의 힘으로 이슬람교도를 기독교로 개종시키려는 목표를 가지고 유럽 전역에서 수만 명에 달하는 소년들이 십자군 전쟁에 참전했다.

그러나 이들을 태우고 프랑스 마르세유에서 출발한 선박이 이집트 알렉산드리아에 도착하자마자 소년 십자군을 노예로 매매해버렸다. 십자군 전쟁은 유럽의 패배로 끝났다. 교황과 교회의 권위는 바닥으로 추락했고, 유럽 경제의 중심이었던 장원제도가 붕괴했다.

그러나 다른 한편으로 십자군 전쟁은 유럽 역사에 새로운 변화를 초래했다. 십자군 전쟁으로 상업이 번성하고 도시가 발달한 것이다. 십자군을 파견한 선박은 전쟁에서 승리하지 못했지만, 대신 후추를 비롯한 향신료와 명주, 각종 보석 등을 싣고 유럽으로 돌아왔다.

당시 지중해 무역은 이탈리아 베네치아 공화국과 제노바 공화국이 주도하고 있었는데, 그중 향신료 무역은 베네치아 공화국과 맘루크 제국이 독점하고 있었다.

맘루크 제국은 13세기 중반부터 16세기 초까지 시리아와 이집트를 지배한 이슬람 제국이다. 1291년에 예루살렘 왕국을 멸망시키고 194년 만에 레반트 지역에서 기독교 세력을 몰아냄으로써 십자군 전쟁을 종결시켰다. 그뿐만 아니라 몽골 제국의 침략으로부터 이집트를 비롯한 아프리카를 수호하는 데 성공함으로써 '이슬람 세계의 수호자'라는 명성을 얻었다.

포르투갈의 신항로 개척

맘루크 제국의 정치적 안정은 유럽과 인도양을 연결하는 중계 무역의 수수료를 기반으로 삼았다. 14세기 중반 이집트 술탄 앗 나시르 하산$^{Ad Nasir Hassan}$을 기념하고자 카이로에 설립된 모스크는 면적이 7,900m^{2}에 달하는 세계에서 가장 큰 모스크 가운데 하나다. 모스크 내부의 기도실 벽에 황금과 은을 발라 맘루크 제국의 경제적 부를 과시했다.

당시 건물 안에 약 700명을 수용할 수 있는 기숙사가 있었고, 방문객에게 무료로 음식과 숙소를 제공했다고 전해진다.

14세기까지 카이로는 프랑스 파리나 영국 런던보다 두 배에서 열 배 이상 인구가 많은 대도시였다.

베네치아 공화국은 막강한 경제적 부를 과시하는 맘루크 제국과 우호 관계를 유지하면서 향신료를 수입했다. 고대부터 인도와 지중해를 연결하는 무역로에서 이집트와 시리아는 중요한 역할을 담당했다.

향신료 무역에서도 마찬가지였다. 베네치아 상인들은 서유럽에 후추를 공급하고자 맘루크 제국이 지배하고 있던 오늘날 레바논의 수도 베이루트와 이집트의 알렉산드리아에서 이슬람 상인으로부터 향신료를 구매했다. 베네치아 공화국과 맘루크 제국의 상호협력 덕분에 가능한 일이었다. 기록에 따르면, 베네치아 공화국 향신료 수입의 80% 이상은 후추였고 10% 정도가 생강, 나머지 10%는 시나몬과 육두구, 정향 등이었다.

베네치아 공화국과 맘루크 제국의 향신료 무역 독점을 타파하려는 시도가 바로 포르투갈의 항해다. 포르투갈은 인도에 직접 가서 향신료를 가져와 판매하려는 계획을 세웠다.

14세기 중반, 포르투갈에 상업 부르주아의 지지를 기반으로 하는 아비스 왕조가 수립되었다. 그러나 당시 포르투갈은 향신료 무역의 최대 중심지인 지중해를 비롯해 북해, 발트해 등에서 어떤 해상무역에도 참여하지 못했다. 문제를 해결하고자 주앙 1세João는 적극적인 해양정책을 펴기 시작했다.

포르투갈의 신항로 개척을 주도한 사람은 주앙 1세의 셋째 아들 엔히크^{Henrique} 왕자였다. 1420년부터 아프리카 탐험대를 파견해 마데이라섬을 발견하고 이 지역에 포도를 심었으며, 1433년에는 보자도르곶 남쪽을 탐험해 항해와 교역권을 독점했다. 포르투갈의 항해 이전에 유럽에서 인도로 가는 길은 지중해를 거치는 루트밖에 없었지만, 엔히크 왕자의 아프리카 탐험 이후 아프리카를 돌아 인도로 가려는 시도가 행해졌다.

결국 포르투갈은 1497년에 아프리카를 돌아 인도와 동남아시아에 도착했다. 맘루크 제국을 거치지 않고도 향신료를 얻을 수 있게 된 것이다. 이후 포르투갈은 16세기 초까지 지중해의 향신료 수입을 독점했다.

콜럼버스는 아프리카를 돌아 인도로 가는 대신 서쪽으로 항해하면 인도에 도달할 수 있다고 믿었다. 이 항해가 성공하면 맘루크 제국을 거치지 않고도 향신료 무역을 독점할 수 있다고 생각한 그는 자신의 계획을 지원해줄 후원자를 찾았다.

포르투갈의 주앙 1세에게도 후원을 요청했지만, 이미 아프리카 항해를 시작한 포르투갈에 콜럼버스의 제안은 그다지 매력적이지 않았다. 더욱이 콜럼버스는 자신이 발견한 땅에서 산출되는 보물의 10%와 영구적인 총독 자리를 요구했기 때문에 후원자가 쉽게 나타나지 않았다. 와중에 콜럼버스를 후원한 사람은 다름 아닌 통일 스페인의 이사벨 1세$^{Isabel\,I}$였다.

스페인은 카르타고의 식민지였지만, 카르타고 몰락 이후 로마 제국의 속주가 되었다. 고대 로마 제국의 최전성기를 이끈 다섯 명의 현명한 황제인 5현제 가운데 트라야누스Trajanus 황제와 하드리아누스Hadrianus 황제를 배출할 정도로 정치적, 문화적, 경제적으로 번영한 지역이었다. 특히 로마 제국에서 통용되던 은화 제조에 스페인 은광이 중요한 역할을 담당했는데, 은광이 고갈되면서 로마 제국의 몰락이 더욱 가속화되었다.

이슬람의 스페인 지배

로마 제국 몰락 이후 서고트족이 이베리아반도를 지배하다가 711년에 이슬람 왕조인 우마이야 왕조가 이베리아반도로 이동했다. 우마이야 왕조는 이슬람 제국 중 가장 넓은 영토를 정복했는데, 서쪽으로는 오늘날의 포르투갈까지 이르렀고 동쪽으로는 오늘날의 파키스탄까지 이르렀다.

그러나 우마이야 왕조는 강압적인 통치로 오래 유지되지 못했고 압바스 왕조에 의해 몰락했다. 우마이야 왕조의 남은 세력은 이베리아반도로 이동했고, 이후 이들이 지배한 오늘날 포르투갈과 스페인, 그리고 프랑스 남부 지역까지 '알 안달루스Al-Andalus'라고 불렀다.

알 안달루스의 수도였던 코르도바는 지중해와 유럽, 이슬람 제국의 정치, 경제, 문화의 중심지였다. 아라비아반도에서 수입된 식량과 관개 농업으로 재배한 작물 덕분에 유럽에서 농경이 가장 발달한 지역이었다. 그뿐만 아니라 천문학을 비롯해 수학, 약리학, 의학 등 다양한 학문이 발전하면서 이슬람 세계와 기독교 세계의 학문 중심지로 부상했다.

이슬람의 스페인 지배는 무려 700년 이상 지속되었다. 이 기간에 이베리아반도의 가톨릭 왕국들은 이슬람 세력으로부터 독립운동을 벌였는데, 역사학자는 '재정복'을 의미하는 '레콩키스타Reconquista'라고 부른다.

8세기 초, 이베리아반도 북부의 나바라 왕국과 아스투리아스 왕국, 프랑크 왕국의 루트비히 1세가 점령한 바르셀로나 백작령을 중심으로 레콩키스타가 시작되었고, 이후 서북부에 있는 레온 왕국과 중북부의 카스티야 왕국, 그리고 바르셀로나 백작령에서 발전한 아라곤 연합왕국이 참여했다.

1085년에 톨레도를 점령하면서 이베리아반도의 이슬람 세력은 심각하게 축소되었다. 이후 13세기 후반에는 중남부 지역을 상실했고 남부에 있는 그라나다까지 쫓겨났다. 레콩키스타를 수행하는 데 가장 주도적인 역할을 담당했던 아라곤 연합왕국의 페르난도 2세Fernando II와 레온-카스티야 왕국의 이사벨 1세는 결혼을 통해 통일 스페인을 수립했다. 그리고 1492년에

프란치스코 프라디야 오르티즈^{Francisco Pradilla Ortiz}, 〈그라나다의 항복〉, 1882년. 1492년 1월 2일, 이베리아반도 마지막 이슬람 왕조였던 나스르 왕조의 보압딜^{Boabdil} 왕이 통일 스페인의 이사벨 1세에게 알람브라 궁전의 열쇠를 넘겨주는 장면을 묘사한 것이다.

이슬람 세력의 마지막 거점이었던 그라나다를 점령함으로써 레콩키스타는 종료되었다.

이슬람 왕조를 축출한 이사벨 1세는 스페인의 경제적 부를 축적하는 방법을 고민했다. 이미 포르투갈은 1415년에 북아프리카의 세우타를 정복해 식민지로 삼았고 이후 마데이라 제도와 아조레스 제도 등을 식민화했다. 이 지역들은 포르투갈 팽창 정책의 거점 역할을 담당했다.

스페인 역시 해외 식민지 건설에 많은 관심을 가졌다. 그라나다 탈환 전쟁으로 인한 재정적 어려움을 해결하는 방법으로 해외 영토 확장을 모색한 것이다. 결국 이사벨 1세는 콜럼버스의 항해를 후원하기로 했는데, 다수가 반대해 개인적으로 후원할 수밖에 없었다.

당시 콜럼버스가 세운 가설은 매우 단순했다. 포르투갈처럼 아프리카를 돌아 인도로 가는 항로를 개척하는 대신 서쪽으로 계속 항해하면 인도에 도달한다는 것이었다.

이와 같은 가설은 지구 구형설을 바탕으로 했다. 15세기 말까지 다수의 유럽인이 지구 평면설을 믿었다고 알려졌지만, 실제로 이 시기에 지구 구형설은 유럽에서 상식이었다.

지구가 둥글다는 주장은 고대 그리스에서도 존재했다. 기원전 500년경, 그리스 수학자 피타고라스Pythagoras는 "직각 삼각형에서 직각을 끼고 있는 두 변의 제곱의 합은 빗변 길이의 제곱과 같다."라고 정의했다. 그는 최초의 천문학자 탈레스Thales가 지중해를 항해하면서 땅이 원반형처럼 생겼다고 관찰한 내용을 근거로 지구 구형설을 처음 주장했다.

그리스 철학자 아리스토텔레스Aristoteles도 지구 구형설을 주장했다. 그는 지구가 태양과 달 사이에 위치할 때 지구의 그림자에 달이 가리는 현상인 월식으로 지구 구형설을 주장했다. 월식 때 달에 비치는 지구의 그림자가 둥글기 때문이다.

그뿐만 아니라 남쪽 지방에선 북쪽 지방에서 볼 수 없는 별자리가 보이고, 수평선 너머로 배가 다가오면 돛대가 먼저 보인다는 사실을 지구 구형설의 근거로 제시했다.

네 차례에 걸친 콜럼버스 항해

콜럼버스 항해의 최종 목적지는 인도였다. 당시 유럽에서 수요가 많았던 후추와 향신료 무역으로 부를 축적하기 위해서였다. 그는 지구 구형설을 믿었지만, 지구 둘레와 인도까지의 거리를 잘못 계산했다. 고대 그리스 천문학자 프톨레마이오스Ptolemaios는 지구 둘레를 4만 km가 아닌 약 2만 9천 km로 계산했는데, 콜럼버스는 그대로 믿었다.

그가 도착한 곳은 인도가 아닌 카리브해였다. 그러나 자신이 도착한 곳을 끝까지 인도라고 믿은 콜럼버스 때문에 이 지역은 지금까지 종종 '서인도 제도'라는 잘못된 이름으로 불리고 있다.

콜럼버스는 총 네 차례에 걸쳐 항해했다. 첫 항해에서 그는 스페인으로 가져갈 금, 은을 찾고자 주변 지역을 탐색했다. 그러나 카리브해에선 금, 은이 쉽게 발견되지 않았다. 아메리카 원주민으로부터 소량의 금, 은을 갈취한 콜럼버스는 스페인으로 돌아가 이사벨 1세에게 바치면서 엄청난 금과 노예를 얻을 수 있다고 거짓 보고했다. 그렇게 더욱 큰 규모의 원조를 받아 두 번째 항해를 시작했다.

1493년에 시작된 두 번째 항해 이후 콜럼버스의 탐욕은 더욱 노골적으로 드러났다. 그가 자신의 항해를 '라 엠프레사[a]

empresa', 즉 '사업'이라고 불렀다는 점에서 분명하게 알 수 있다. 콜럼버스는 정치적 지위와 경제적 부를 얻고자 아메리카 원주민을 가혹하게 착취하고 무차별적으로 학살했다. 당시 카리브해에 살고 있던 아메리카 원주민은 아라와크족의 일원인 타이노족이었다.

이사벨 1세에게 한 거짓말 때문에 콜럼버스는 항해의 수익성을 입증해야 했다. 그는 1,600명 이상의 타이노족을 노예로 팔아넘겼다. 그러나 노예무역만으로 원하는 부를 얻지 못하자 아메리카 원주민에게 새로운 조공제도를 도입했다.

타이노족은 3개월마다 매사냥에 사용하는 종 크기만큼의 금을 콜럼버스에게 바쳐야 했는데, 바치지 못하면 여러 사람이 보는 앞에서 손이나 발이 잘렸다. 콜럼버스의 이익을 위해 수많은 여성이 매춘부로 전락했다. 아메리카 원주민에게 그는 학살자와 다름없었다.

달콤한 설탕 생산 이면의
끔찍한 노예무역

오세아니아 동쪽 해역에 있는 수천 개의 섬으로 구성된 폴리네시아에는 재밌는 설화가 전해온다.

태초에 지상에는 유일한 인간인 두 어부가 살고 있었다. 어느 날, 이들은 고기를 잡다가 그물에서 막대기 하나를 발견했는데 아무런 쓸모가 없는 것으로 생각해 바다에 던져버렸다.

그러나 사흘 후, 다시 막대기를 발견했고 이번에는 땅에 심었다. 막대기가 자라 꽃봉오리가 생기더니 한 여성이 나타났다. 그녀는 낮에는 어부들을 위해 요리했고 밤이 되면 다시 꽃 안으로 들어갔다. 어부들이 심은 막대기는 사탕수수였고, 여성은 사탕수수가 주는 맛있는 음식인 설탕이었다.

사탕수수는 전 세계에서 가장 많이 재배하는 작물이다. 덥고 습한 기후에서 잘 자라는데, 인류학자에 따르면 기원전 1만 년경 뉴기니섬에서 처음 작물화된 이후 솔로몬 제도와 뉴칼레도니아로 확산되었다. 기원전 6000년경 서쪽으로 이동해 오늘날 인도네시아와 필리핀을 거쳐 인도까지 확산되었다.

기원전 500년경 인도에선 사탕수수를 짓이기거나 세게 두드려 즙을 정제해 설탕을 얻었다. 이후 4세기경 설탕을 결정화하는 기술이 등장해 중앙아시아와 중동 등지로 확산되었다.

당시에는 당밀을 제거하지 않았기 때문에 설탕이 오늘날처럼 흰색이 아니라 검은색이었고 가루가 아닌 덩어리여서 필요할 때마다 잘라 사용했다.

11세기 말에 발발한 십자군 전쟁을 계기로 유럽의 여러 도시에는 이슬람과 아시아 상품이 유입되고 확산되었다. 설탕도 포함되었다. 이슬람 제국에서 설탕은 부와 풍요의 상징이었다. 당시 이집트를 지배하던 술탄은 궁전 앞에 설탕으로 만든 야자나무를 전시하곤 했다.

또한 설탕은 오랫동안 의약품으로 사용되었다. 고대 그리스에서 설탕은 위와 장에서 잘 녹기 때문에 방광 약이나 신장 약으로 사용했고, '의학의 왕자'로 불리는 페르시아 출신의 의사 이븐 시나Ibn Sina는 "설탕이야말로 만병통치약"이라고 단언했다.

역사학자에 따르면, 7세기경부터 이슬람 제국은 설탕을 대량으로 생산하기 시작했다. 711년에 이슬람 제국의 우마이야 왕조는 오늘날 스페인의 세비야를 정복하고 코르도바를 비롯한 이베리아반도를 지배했다. 인류 역사에서 매우 중요한 사건이었다. 북아프리카에서 주로 재배되던 사탕수수가 키프로스를 비롯한 지중해 지역으로 이동했기 때문이다.

이후 키프로스는 오랫동안 유럽에 설탕을 보급하는 중심지 역할을 담당했다. 14세기 초, 베네치아 공화국은 키프로스로 가는 항해로를 개척해 무역 거점으로 삼았다. 당시 키프로스에선 연간 800톤 이상의 설탕을 생산했는데, 베네치아 공화국은 이 설탕 무역을 독점해 상당한 경제적 이익을 취했다.

그러나 지중해에서 사탕수수 재배는 쉽지 않았다. 사탕수수 재배에 가장 중요한 건 기온과 강수량이다. 기온이 16℃ 이상이어야 하고, 연간 2,000~2,300mm 이상의 강수량이 필요하다. 그러므로 사탕수수는 열대, 아열대 지역에서 잘 자란다.

반면 지중해는 여름에 건조하고 겨울에 습한 기후 특징을 가지고 있다. 지중해에선 2~3월에 사탕수수를 심고 다음 해 1월에 수확해 설탕으로 가공했는데, 수확량은 그리 많지 않았다.

키프로스의 설탕 생산량은 점차 감소해 16세기 초에는 절반 이하로 떨어졌다.

지중해 외에도 사탕수수를 재배해 유럽에 설탕을 제공했던 곳은 포르투갈 식민지 마데이라 제도다. 초기 정착민은 밀을 재배하다가 수익성이 높은 사탕수수를 재배하기 시작했다. 물레방아를 도입하면서 설탕 생산량이 급증했는데, 한 기록에 따르면 15세기 말 마데이라 제도의 설탕 생산량은 60톤 정도였다.

사탕수수에서 설탕을 생산하는 데는 다른 작물보다 많은 노동력이 필요하다. 다 자란 사탕수수의 높이는 2~6m 정도다. 이를 베어 분쇄한 후 압착해 즙을 얻는다. 과거에는 사탕수수밭에 불을 지르고 방해되는 잎을 없앤 다음 수분을 머금고 있는 줄기나 대를 잘라 모았다.

설탕을 정제하기 위해선 모은 사탕수수 줄기나 대를 큰 솥에서 오랫동안 끓였다. 당연히 많은 연료가 필요할 수밖에 없고 설탕을 만들고자 사람들은 계속 땔감을 모아야만 했다. 사탕수수는 재배에서 가공까지 노동집약적 작물이었다.

마데이라 제도에 정착한 포르투갈인은 사탕수수 재배에 필요한 노동력을 확보하고자 노예무역을 시행했다. 이슬람 상인은 오래전부터 서아프리카의 가나, 말리, 송가이 제국에서 노예무역을 시행했는데, 포르투갈은 아프리카 중서부의 기니만과 동부 해안지역에 중계지를 설치하고 노예무역을 했다.

아프리카 원주민은 사탕수수 플랜테이션으로 강제 이주해 노동했다. 16세기 초, 마데이라 제도에서 노예 노동력을 활용해 생산되는 설탕은 연간 2,500톤 이상으로 키프로스를 비롯한 지중해에서 생산되는 설탕보다 훨씬 많았다.

유럽에서 가장 많은 설탕을 생산하게 된 포르투갈은 사탕수수 플랜테이션을 더욱 확대했다. 지중해와 아프리카를 벗어나 아메리카에 진출했다. 1492년 항해를 시작한 콜럼버스는 카리브해에 도착한 후 교황 알렉산데르 6세^{Alexander VI}에게 자신이 발견한 지역이 스페인 영토임을 인정해달라고 요청했다.

교황은 카나리아 제도 남쪽에 있는 카보베르데 제도에서 서쪽으로 약 480km 떨어진 지점에 선을 긋고 이 선을 경계로 서쪽 지역을 스페인 영토로, 동쪽 지역을 포르투갈 영토로 선언했다. 그러나 포르투갈 국왕 주앙 2세가 불만을 제기하자 경계선을 1,500km 정도 떨어진 지점으로 이동했고, 포르투갈은 브라질에 대한 영유권을 주장할 수 있었다.

남아메리카에 식민지를 가지게 된 포르투갈이 사탕수수 플랜테이션을 활성화한 지역이 바로 오늘날 브라질이다. 브라질은 연평균 기온이 23~24℃ 정도로 열대성과 아열대성 기후여서 사탕수수 재배에 적합하다. 브라질 동북부 대서양 연안에 있는 바이아주와 북동부에 있는 페르남부쿠주 등을 중심으로 사탕수수 재배가 급성장해, 17세기 초 브라질의 설탕 생산량은 1만 4천 톤에서 두 배 이상 증가했다.

그러나 달콤한 설탕 생산의 이면에는 끔찍한 노예제도가 존재하고 있었다. 브라질에서 생산되는 설탕은 노예무역으로 강제 이주한 아프리카 원주민의 노동력을 착취한 결과물이었다. 정확한 통계는 존재하지 않지만, 15세기 중반부터 19세기 말까지 약 4천만 명의 아프리카 원주민이 노예로 강제 이주했다.

노예무역과 황금해안

대부분의 아프리카 원주민은 아프리카 서부 해안지역에서 노예로 끌려갔다. 역사학자는 이 지역을 '황금해안'이라고 부른다. 황금해안은 서아프리카 기니만 북쪽에 있는 해안으로, 15세기 말 포르투갈 선교사가 도착했을 때 해변을 따라 수많은 황금을 발견했다.

이후 이 지역은 유럽인 사이에서 '황금해안'으로 불리기 시작했는데, 막대한 양의 금을 얻고자 유럽의 여러 나라가 오랫동안 지배권을 둘러싸고 다툼을 벌였다.

17세기부터는 사탕수수를 비롯한 아메리카 플랜테이션의 노동력을 공급하기 위한 노예무역이 활성화되면서 다른 의미에서 '황금해안'으로 불렀다.

황금해안에 도착한 노예 사냥꾼은 아프리카 원주민 부족 추장으로부터 인근 해안지역에 정박을 허락받았다. 그 대가로 노예 사냥꾼이 지불한 건 총이나 술이었는데, 역설적이게도 이 술은 노예 노동력을 활용해 만든 사탕수수 찌꺼기나 당밀을 원료로 만든 럼주였다.

노예 사냥꾼에게 잡힌 아프리카 원주민은 가슴에 낙인이 찍혔고, 두 명씩 짝을 지어 묶인 채 노예선에 탑승했다. 아프리카에서 출발한 노예선은 대서양을 가로질러 여러 달에 걸쳐 항해했다. 탑승한 아프리카 원주민 가운데 약 10%가 항해 도중 사망했다. 경제적 이윤을 극대화하고자 노예 사냥꾼은 정해진 인원보다 더 많은 아프리카 원주민을 탑승시켰다.

가까스로 대서양을 건너온 아프리카 원주민은 노예로 판매되었다. 당시 노예 상인은 최소 300% 이상의 이익을 얻었으니, 노예무역이 얼마나 이윤이 많이 남는 사업인지 알 수 있다.

포르투갈은 노예무역의 핵심 국가였다. 18세기까지 전 세계적으로 아프리카 원주민 노예 수요가 가장 많았던 지역은 브라질의 사탕수수 플랜테이션이었다. 한 통계에 따르면, 18세기 동안 대서양을 가로질러 포르투갈 노예 상인이 수송한 아프리카 원주민 수는 180만 명에 달한다.

프랑수아 오귀스트 비아르François-Auguste Biard, 〈노예무역〉, 1833년. 그림 중앙에 등장하는 백인 노예 상인은 노예를 검사하고 있고, 다른 노예 상인은 여성 노예에게 낙인을 찍고 있다. 노예는 모두 아프리카 서부 해안지역에서 강제로 끌려온 아프리카 원주민이다.

노예무역과 설탕

아프리카 서부 해안지역에서 노예 상인에게 납치되어 아메리카로 강제 이주했던 사람 중에는 높은 신분도 포함되어 있었다.

풀라족은 오늘날 나이지리아와 세네갈, 말리 등에 거주하는 아프리카 주요 민족 중 하나다. 풀라족 왕자였던 아유바 슐레이만 디알로Ayuba Suleiman Diallo는 18세기 초, 아버지가 소유한 노예를 판매하고자 해안으로 여행하던 중 말리 주변에 거주하는 만딩고족에게 붙잡혀 노예가 되었고 메릴랜드주 아나폴리스로 강제 이주했다. 노예가 된 그는 잡 벤 솔로몬^{Job Ben Solomon}이라는 이름을 얻었다.

아랍어를 읽고 쓰는 능력 덕분에 높은 신분임이 밝혀지자 그의 주인은 아프리카의 가족에게 편지를 보낼 수 있도록 허락했다. 1733년에 영국으로 이동한 아유바는 왕립 아프리카 회사^{Royal African Company} 소속 사람들의 모금으로 노예 신분에서 해방되었다.

흥미로운 사실은 왕립 아프리카 회사의 설립 목적이 "아프리카 서부 해안에서 발견하는 상품이나 물건, 노예 등을 교환하고 거래하기 위한 무역 독점권 획득"이었다는 점이다. 노예무역 회사 덕분에 아유바는 노예 신분에서 해방될 수 있었다.

그러나 대부분의 아프리카 원주민은 결코 노예 신분에서 벗어날 수 없었다. 아프리카 서부 해안지역의 초기 노예무역은 포르투갈을 중심으로 시작되었다. 일부 아프리카 부족은 세력 확대 및 유지를 위해 포르투갈 상인으로부터 화승총을 얻으려 노예를 판매했다. 아메리카 플랜테이션에서 아프리카 원주민 노동력 수요가 증가함에 따라 납치도 증가했다.

포르투갈 외에도 영국이나 프랑스 등도 노예무역에 적극적으로 참여했다. 한 기록에 따르면, 16세기 중반부터 19세기 중반까지 1,300만 명 이상의 아프리카 원주민이 노예로 아프리카를 떠났다.

노예무역 자체는 수익률이 그리 높지 않았다. 그러나 노예 노동력으로 생산되는 설탕은 엄청난 이익을 가져다줬다. 당시 카리브해 연안에선 담배를 주로 생산했는데, 담배보다 설탕의 수요가 더 많아지자 사탕수수 플랜테이션이 증가했다.

　　17세기 초까지 사탕수수 플랜테이션에는 유럽인 계약 노동자가 주를 이뤘다. 이들은 계약 기간이 만료되면 자유로운 신분으로 전환될 수 있었는데, 사탕수수 플랜테이션처럼 대규모 노동력이 필요한 곳에선 계약 노동자가 적합하지 않았다.

　　결국 영국, 프랑스 등은 아메리카 식민지의 플랜테이션에서 아프리카 원주민을 노예로 부리기 시작했고, 이들의 노동력으로 설탕을 생산해 막대한 이익을 취했다.

프랑스 혁명과 아이티 혁명,
그리고 황열병

18세기 말, 프랑스는 다른 어느 국가보다 정치적·경제적 어려움에 직면했다. 끊임없는 전쟁으로 국가 부채는 계속 증가했는데, 전쟁의 장기화로 예상보다 많은 재정적 부담을 져야 했기 때문이다. 미국 독립전쟁 참전은 프랑스 재정 악화의 결정적인 계기였다.

　당시 프랑스 경제의 가장 큰 문제는 세입 구조였다. 예산이 부족한 왕실이 부유한 귀족이나 부르주아에게 돈을 빌리고 대가로 일정 기간 영지 조세권을 부여했는데, 경제적 이익을 위해 농민을 가혹하게 착취했다.

특권층인 귀족이나 성직자는 세금을 내지 않고 시민과 평민 계급만 국가 재정을 책임져야 했던 상황을 '앙시앵 레짐Ancien Régime'이라고 부른다. 절대 군주정 체제 아래 의무를 지지 않고, 권력만 행사하는 귀족과 성직자는 막대한 재산을 형성할 수 있었다.

이와 같은 모순이 심화되면서 시민 계급의 불만은 급증했다. 귀족이나 성직자를 포함한 특권 계층에게 임시로 과세하는 정책이 제시되었지만 이들의 반발로 무산되었고, 1614년 이후 단 한 번도 소집되지 않았던 제3신분 대표회의를 열어 문제를 해결하고자 했다.

당시 제3신분 대표회의에서 제1신분과 제2신분의 의석은 각각 300석이었고, 제3신분의 의석은 600석이었다. 귀족층은 신분에 따른 다른 투표수를 주장했지만, 부르주아층은 1인 1표를 주장했다. 결국 결론을 내리지 못한 채 제3신분 대표회의가 끝나자 일부 부르주아 대표가 모여 국민의회를 구성했다.

루이 16세Louis XVI는 마지못해 국민의회를 인정했지만, 의회의 권력 확대를 막고자 국경 수비대를 베르사유와 파리 일대로 진격시켰다. 1789년 7월 14일, 파리 시민이 국왕의 군대로부터 자신들을 보호하고자 바스티유 감옥을 습격하면서 프랑스 전역으로 농민 봉기가 확산되었다. 프랑스 혁명이 시작된 것이다.

혁명과 함께 권력을 획득한 국민의회는 국가를 안정시키고 민심을 수습하고자 봉건제 폐지 법령을 제출했다. 이 법령에 따르면, 국민의회는 봉건제를 완전히 폐지하고 모든 영주 법정은 보상 없이 폐지하며 모든 시민은 출생과 관계없이 성직이나 군사직 등 모든 직무에 오를 수 있게 되었다.

이와 더불어 1789년 8월 26일에는 「인간과 시민의 권리선언Déclaration des droits de l'Homme et du citoyen」이 가결되었다. 인간의 권리라는 가장 보편적인 가치를 담은 문서라는 점에서 역사적인 가치가 있는데, 프랑스 철학자 장 자크 루소Jean Jacques Rousseau로부터 많은 영향을 받았다.

루소는 모든 유형의 사회에서 불평등과 착취가 발생하기 때문에 개인의 진정한 자유가 존재하지 않지만, 모든 개인이 평등하게 사회 공공선에 대한 의견을 반영해 법과 규칙을 제정한다면 타인에게 복종하지 않게 된다고 주장했다. 그리고 의견을 반영하는 방법으로 투표를 제시했다. 투표로 일반의지를 표명하고 사회의 법과 규칙을 정해야 한다는 것이다.

「인간과 시민의 권리선언」은 제1조에서 인간의 권리에 있어 자유롭고 평등하게 태어나 생존한다고 강조했다. 제2조에선 모든 정치적 결사의 목적이 인간의 자연적이고 소멸할 수 없는 권리를 보전하기 위한 것임을 명시하고 있다. 제3조에선 주권의 본질이 국민에게 있다고 선언한다. 이와 더불어 법은 일반 의사의 표명으로 모든 사람에게 같아야 함을 원칙으로 삼고 있다.

1791년 9월 3일, 국민회의는 선언과 원칙을 기반으로 프랑스 최초의 헌법을 제정했다. 주요 내용은 자유와 권리의 평등을 침해하는 제도를 폐지하고 사상을 자유롭게 말하고 인쇄 출판의 자유와 더불어 종교의 자유를 가진다는 것이었다. 또한 법을 초월해 권력을 행사했던 절대군주제를 폐지하고 헌법의 한계 내에서 군주권을 행사하는 입헌군주제를 선언했다.

헌법 제정 이후 국민의회는 해산되었고 입법의회가 수립되었다. 프랑스 혁명의 이념이 유럽 전역으로 확산되자 절대왕정 국가들은 프랑스 정복 전쟁을 벌였다. 프로이센, 오스트리아와의 전쟁에서 패배하자 파리 시민의 봉기가 발생했고 파리 코뮌이 수립되었다.

이후 프랑스 최초의 공화국인 국민공회가 수립되었는데, 국민공회는 왕정을 폐지하고 공화정을 선언했다. 그리고 국고 낭비와 국가에 대한 음모죄 등을 적용해 루이 16세를 처형했다. 프랑스 혁명 이념이 유럽 전역으로 확산되고 혁명이 더욱 과격해지면서 프로이센과 오스트리아를 중심으로 대프랑스 동맹이 형성되었다.

프랑스 혁명전쟁에서 프랑스의 전세는 상당히 불리했다. 파리에선 식량 보급이 어려워졌고 시민 봉기가 지속적으로 발생했다. 대내외적인 어려움 속에 급진 혁명가 장 폴 마라^{Jean-Paul} ^{Marat}가 암살되자 국민공회는 공포정치를 실시했다. 프랑스 혁명의 정당성을 위해 루이 16세의 사형을 주장한 막스밀리앙 드 로베스피에르^{Maximilien de Robespierre}가 공포정치의 중심이었다.

통계에 따르면, 약 1년 동안 처형된 사람이 1만 명 이상이었다. 지나친 공포정치와 통제경제로 로베스피에르는 민심을 잃었고, 1794년 7월 27일 테르미도르 반동으로 로베스피에르는 사형에 처했졌다.

로베스피에르 사형 이후 프랑스는 더욱 혼란스러워졌다. 통제경제 정책이 폐지되고 시민 계급의 자유로운 상업 활동을 보장했지만, 폭발적인 인플레이션으로 빈곤 계층의 삶은 더욱 악화되었다. 반혁명 세력과 왕당파의 반란도 계속 발생했다.

테르미도르 반동 이후 수립된 총재 정부는 다섯 명의 총재에게 행정권을 위임하고 500인 위원회에 입법권을 부여했다. 원로원이 거부권을 행사할 수 있도록 했다. 그러나 삼권분립으로 행정부와 입법부가 계속 충돌했고 대외전쟁 때문에 프랑스 재정은 더욱 악화되었다.

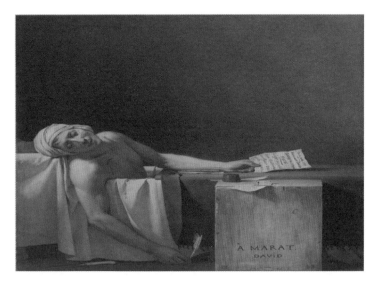

자크 루이 다비드^{Jacques-Louis David}, 〈마라의 죽음〉, 1793년. 신고전주의 화가 다비드는 마라와 가까운 사이로 자코뱅당을 열렬히 지지했다. 그는 프랑스 공화국에 신화나 종교의 신성성을 부여하고자 했으며, 친구의 영웅적인 죽음을 추모하고자 했다. 이후 이 그림은 프랑스 혁명을 상징하는 유명한 이미지로 부상했다.

이와 같은 위기 속에서 등장한 사람이 나폴레옹 보나파르트^{Napoléon Bonaparte}다. 1796년 이탈리아 원정으로 교황청과의 관계를 회복한 그는 프랑스의 국민 영웅이 되었고, 1799년 11월 쿠데타에서 성공한 이후 원로원의 만장일치로 황제가 되었다.

황제가 된 나폴레옹은 유럽 전역을 지배하겠다는 원대한 계획을 세웠다. 그래서 영국과 러시아를 침공했지만, 실패해 엘바섬에 유배되었다. 1815년 2월, 그는 엘바섬을 탈출해 다시 황제가 되었다. 그러나 같은 해 6월, 워털루 전쟁에서 패배하면서 몰락했다.

나폴레옹의 몰락 이후 루이 16세의 동생인 루이 18세^{Louis} XVIII가 왕으로 즉위했다. 루이 18세는 의회에 상당한 권한을 부여했다. 그러나 그가 자식 없이 사망하자 뒤를 이어 황제가 된 동생 샤를 10세^{Charles X}는 절대왕정을 추구했다.

1829년 7월에 시행된 선거에서 반反왕당파가 승리를 거두자 샤를 10세는 출판의 자유를 정지하고 하원을 해산하며 선거 자격을 제한하는 내용의 칙령을 발포했다. 결국 7월 27일부터 사흘간 혁명이 발발했고 샤를 10세가 영국으로 망명하면서, 오를레앙 공작 루이 필리프^{Louis Philippe}가 왕으로 추대되었다.

흔히 7월 혁명으로 알려진 이 사건으로 프랑스에선 부르봉 왕조가 몰락하고 귀족 체제가 붕괴했다. 의회를 구성하는 상원은 신분이 아닌 선출로 바뀌었고 특별재판소가 폐지되었으며 삼색기를 새로운 국기로 사용하기 시작했다.

프랑스의 공화주의 사상은 주변 국가로 확산되었다. 네덜란드 연합왕국의 남부 지역이 네덜란드 연합왕국으로부터 독립운동을 일으켰다. 1830년 12월, 유럽 국가들로부터 공식적으로 독립을 인정받으면서 벨기에가 탄생했다.

크리오요의 혁명

프랑스 혁명은 유럽뿐만 아니라 대서양 건너 아메리카에도 영향을 미쳤는데, 16세기 이후 브라질을 제외한 남아메리카 대부분은 300년 이상 스페인의 식민지였다.

스페인은 오늘날 멕시코와 온두라스, 과테말라 등 중앙아메리카 지역에 '누에바 스페인Nueva España' 부왕령을 설치했고, 남아메리카 지역에는 페루 부왕령을 설치했다. 18세기에 페루 부왕령에서 베네수엘라와 에콰도르, 콜롬비아에 해당하는 '누에바 그라나다Nueva Granada'와 아르헨티나, 볼리비아 그리고 우루과이에 걸친 '리오 드 라 플라타Río de la Plata'가 갈라져 나왔다. 18세기 말까지 남아메리카 스페인 식민지에는 네 개의 부왕령이 존재했다.

이 시기 남아메리카의 스페인 식민지는 인종에 따라 여섯 개 계급으로 구분되었다. 최상위 계급인 '페닌술라르Peninsulare'는 이베리아반도에서 태어난 백인이었고, 식민지에서 태어난 백인은 페닌술라르보다 낮은 '크리오요Criollo'로 분류되었다. 그 아래로 백인과 아메리카 원주민의 혼혈 '메스티소Mestizo'와 백인과 아프리카 원주민의 혼혈 '물라토Mulattoe', 아메리카 원주민, 그리고 노예였던 아프리카 원주민이 존재했다.

페닌술라르에겐 엄청난 특권이 주어졌다. 당시 아메리카

식민지는 황열병이나 말라리아 등의 유행성 전염병으로 사망률이 매우 높았기 때문에 대부분의 스페인 귀족은 아메리카 식민지로의 이주를 원하지 않았다.

페닌술라르는 정치 권력을 독점했고, 광범위한 토지를 소유했으며, 교회를 통해 교육과 문화 혜택을 누렸다. 반면 같은 백인이지만 식민지에서 출생한 크리오요는 페닌술라르만큼 특권을 누리지 못했다. 이들의 불만은 결국 혁명으로 이어졌다.

베네수엘라에서 독립혁명을 이끈 시몬 볼리바르^{Simón Bolívar}는 프랑스 혁명 발발 당시 유럽을 여행하면서 급진적인 사상과 지식의 영향을 받았다. 그는 로마의 기원이 된 아벤티노 언덕에서 남아메리카가 독립하기 전까지 자신의 팔에 자유를 주지 않겠다는 유명한 선언을 했다.

남아메리카 독립혁명의 지지를 얻고자 영국으로 이동한 그는 프란시스코 데 미란다^{Francisco de Miranda}를 만났고, 그와 함께 베네수엘라 제1공화국을 수립했다. 그러나 이 공화국은 철저한 백인우월주의를 표방했다. 유색인종에게 부여했던 투표권과 참정권을 부정하고, 일정한 재산을 가진 사람에게만 참정권을 부여할 수 있도록 헌법을 개정했다.

이러한 조치는 볼리바르의 인종주의적 편견에서 유래했다. 그는 아메리카 원주민을 잠재적인 적으로 간주하고 유색인종을 멸시했다. 스페인으로부터 남아메리카의 독립을 추진했음에도 불구하고 볼리바르는 원주민에게 또 다른 독재자와 마찬가지였다.

크리오요가 주도한 또 다른 혁명으로는 호세 데 산 마르틴 José de San Martín의 독립혁명을 들 수 있다. 아르헨티나에서 태어난 크리오요였던 산 마르틴은 1817년에 안데스 산맥을 넘어 스페인 군대를 공격해 칠레를 독립시켰다.

1821년에 그는 페루의 해방을 선언하면서 '페루의 보호자 Protector of Peru'라는 호칭을 얻었지만, 페루 내 여러 세력간 다툼으로 혼란이 가중되었다. 페루의 완전한 독립을 위해 산 마르틴은 볼리바르와의 회담을 진행했는데, 산 마르틴은 군주제를 주장했던 반면 볼리바르는 공화제를 주장하면서 별다른 성과 없이 끝나고 말았다.

엔코미엔다와 노예

프랑스 혁명의 이념은 아메리카 식민지의 백인뿐만 아니라 가장 하층계급인 노예에게도 영향을 미쳤다. 당시 프랑스 혁명으로부터 가장 직접적인 영향을 받은 곳은 아이티였다.

아이티는 카리브해 중앙에 있는 히스파니올라섬 서부의 국가다. 원래 이 지역에는 아메리카 원주민인 타이노족이 50만 명 정도 거주했던 것으로 추정되지만, 1492년 12월에 콜럼버스가 히스파니올라섬을 발견한 이후 '콜럼버스의 교환'으로 아프로-유라시아에서 이동한 천연두와 홍역 등의 전염병 때문에 원주민의 90% 이상이 절멸했다.

17세기 말, 프랑스는 서유럽에서 가장 강력한 국가였다. 서유럽 군주 중 가장 오래 재위한 루이 14세^{Louis XIV}는 재위 동안 다섯 차례의 전쟁을 주도했고, 그 결과 동부 국경 지대에 새로운 영토를 확보했다.

당시 서유럽 상업과 금융의 중심지였던 네덜란드를 장악하기 위해 전쟁을 벌이자 네덜란드와 잉글랜드가 연합하면서 유럽 내 프랑스 대항 동맹이 형성되었다. 프랑스와 대동맹 사이에 발발한 전쟁은 9년 동안 지속하다가 '레이스베이크 조약 Peace of Ryswick'으로 종전했다.

이 조약을 계기로 프랑스는 스페인으로부터 히스파니올라섬 서쪽을 획득했다. 프랑스의 식민지가 된 히스파니올라섬은 '생도맹그'라는 이름으로 불리기 시작했다. 오늘날 아이티의 기원이다.

새로운 식민지가 사탕수수 재배에 적합하다는 사실을 알게 된 프랑스는 이 지역에 사탕수수 플랜테이션을 설립했다. 그리고 아메리카 원주민 노동력을 착취하고자 '엔코미엔다 Encomienda'를 시행했다. 엔코미엔다는 스페인 식민지에서 시행했던 식민 통치제도로 스페인 국왕은 자국 출신의 통치자에게 원주민을 보호하는 대가로 식민지 토지와 원주민에 대한 통치 권을 위탁했다.

원래 엔코미엔다의 가장 중요한 목적은 원주민 강제노역 금지였지만, 이들을 보호하는 대가로 조공이나 노동을 요구했기 때문에 결국 아메리카 원주민은 노예로 전락하고 말았다.

스페인의 가혹한 통치로 아메리카 원주민이 급감하자 스페인 국왕 카를로스 1세^{Carlos I}는 엔코미엔다를 폐지하고자 했다. 그러나 엔코미엔다로 막대한 경제적 이익을 취했던 귀족들의 반대로 별다른 성과를 거두지 못했다.

결국 아메리카 원주민의 지위 및 권리를 위한 위원회를 구성하고 스페인 중서부의 바야돌리드에서 회의를 열었다. 이 회의에서 유명한 논쟁이 벌어졌는데, 도미니코 수사 바르톨로메 데 라스 카사스^{Bartolomé de las Casas}는 강압적인 방식이 아니라 교육과 설득으로 아메리카 원주민을 교화해야 한다고 주장했다.

당시 남아메리카에서 아메리카 원주민의 가톨릭 개종이 급속하게 증가하면서 그의 주장은 설득력을 얻었고, 교황 특사는 아메리카 원주민을 노예로 삼는 걸 금지했다. 대신 아프리카 원주민을 노예로 삼기 시작했다.

18세기 말, 설탕 덕분에 생도맹그는 프랑스의 식민지들 중 가장 부유할 수 있었다. 한 통계에 따르면, 생도맹그에서 당시 유럽 설탕 소비량의 약 40%를 생산했다. 하지만 이와 같은 부는 생도맹그를 지배하는 소수의 프랑스 식민지인들 차지였다.

생도맹그의 계급은 크게 세 가지로 구분될 수 있는데, 프랑스 태생의 백인 '그랑 블랑grand blancs'은 플랜테이션 농장주나 식민 정부의 지배자들로 구성되어 있었다. 그랑 블랑보다 낮은 계층 '쁘띠 블랑petit blancs'은 식민지에서 태어나 자란 백인 또는 추방자들로 군인이나 상인, 장인, 노동자들이었고 자유 유색인종은 감독관이나 저택 하인 등으로 일했다. 마지막으로 가장 하층계급인 노예가 존재했다.

생도맹그의 백인과 노예 비율은 매우 불균형적이었기 때문에 노예를 통제하고 사회 질서를 유지하고자 엄격한 법이 적용되었다. 그래서 도입한 게 '흑인법Code Noir'이었다.

1685년에 프랑스 재상 장 바티스트 콜베르Jean-Baptiste Colbert가 프랑스 식민지 내 노예제도를 규정한 법령으로 유색인종의 활동을 제한하고 제국 전역의 모든 노예를 가톨릭으로 개종하고자 했다.

이와 더불어 노예에게 가해지는 처벌을 규정하고 프랑스

식민지에서 유대인 추방을 요구했다. 흑인법에 근거해 노예에게 가해지는 잔혹한 대우가 상당 부분 정당화되었고 다수의 노예가 살해당한 후 몰래 매장되었다.

생도맹그에서 백인과 노예의 갈등은 급증할 수밖에 없었다. 대표적인 사례가 도망노예의 반란이었다. 흔히 '마룬maroon'이라고 불린 도망노예는 산속으로 이동해 마을을 세우고 사탕수수나 커피 플랜테이션 농장을 습격했다.

1751년에 도망쳤던 프랑수아 마캉달François Mackandal은 6년간 플랜테이션 농장을 습격하고 노예들을 해방시켰다. 그리고 수천 명의 백인들을 학살했다. 백인 문명의 파괴를 주장했던 그는 광장에서 공개 처형되었지만, 이후에도 무력 투쟁은 빈번하게 발생했다.

일부 기록에 따르면, 18세기 말 카리브해에는 약 100만 명의 노예가 존재했다. 이들 가운데 절반 이상은 생도맹그에 거주하고 있었고, 다수가 아프리카 원주민 노예였다. 사탕수수 플랜테이션 농장의 힘든 노동으로 사망률이 높았기 때문에 지속적으로 노예를 수입할 수밖에 없었다.

인종 간, 계급 간 갈등이 심화하고 국가 간 갈등도 존재했다. 생도맹그는 프랑스 식민지였지만 스페인이나 영국에 충성하는 사람들도 있었기 때문이다. 이와 같은 갈등은 생도맹그의 상황을 더욱 위태롭게 만들었다.

1789년 프랑스 혁명이 발발하면서 국민의회는 「인간과 시민의 권리선언」을 발표했다. 흔히 「인권선언」으로 알려진 이 선언은 계몽주의와 자연법의 영향을 받아 자유와 평등, 종교, 출판 결사의 자유 등 인간의 천부적인 권리는 시간과 장소를 초월해 보편적으로 존재하는 것임을 명시했다.

생도맹그의 자유 유색인종들은 백인과의 평등을 실현하고자 프랑스에 의견을 제시했고, 급진적인 자유 유색인종 중에는 노예의 투표권을 주장하는 이들도 있었다. 생도맹그의 노예들도 자유와 평등의 원칙이 자신들에게 적용되길 희망했다.

아이티 혁명과 황열병

흔히 '아이티 독립의 아버지'로 불리는 투생 루베르튀르Toussaint Louverture는 노예 출신이었다. 1791년 8월, 생도맹그에서 노예 혁명이 일어나자 투생은 혁명 지도자로 급부상했다.

당시 프랑스는 영국과 스페인을 물리치는 데 투생이 프랑스를 돕는 조건으로 식민지에서의 노예제도 폐지를 약속했고, 1794년 2월 4일 프랑스 국민공회는 모든 식민지에서 노예제도 폐지를 선언했다.

투생은 프랑스 총독과 함께 생도맹그를 통치했고, 1801년에는 피부색과 관계없이 모든 사람이 평등하다고 선언하는 헌법을 제정했다. 인류 역사에서 노예가 주도한 혁명 중 유일하게 성공한 사례다.

그러나 프랑스 혁명 이후 프랑스를 지배한 나폴레옹은 생도맹그의 노예제를 부활시키고자 했다. 그는 대규모의 원정군을 파견했다. 노예들은 프랑스로부터 자유를 얻고자 혁명을 일으켰지만 실패했다.

이후 프랑스 원정군의 잔인한 행위로 많은 사람이 혁명군을 지지했고, 영국의 해상 봉쇄로 어려움을 겪고 있던 프랑스는 생도맹그의 독립을 인정할 수밖에 없었다. 1803년에 생도맹그는 독립선언을 채택했고, 1804년에 아이티 공화국 수립을 선언했다.

아이티 혁명이 성공할 수 있었던 이유 가운데 하나는 다름 아닌 생도맹그에서 유행한 전염병이었다. 이 지역에선 아프리카 원주민의 이동과 함께 아프리카 서부 지역의 풍토병이었던 '황열병yellow fever'이 유행했다.

황열병은 주로 이집트숲모기Aedes aegypti에 의해 전파되는 아르보바이러스arbo virus가 혈액으로 침투해 발생하는 유행성 전염병이다. 주된 증상으로는 황달과 발열, 근육통, 오한 등의 증세가 나타나다가 독성기에 접어들면 출혈이 발생하고 대부분 2주일 이내에 사망한다.

아프리카에서 주로 발생한 황열병은 아프리카 서부 해안지역 원주민들이 아메리카로 강제 이주하면서 함께 이동했다. 그리고 아프리카 원주민이 노예로 일하던 카리브해의 사탕수수 플랜테이션을 비롯한 여러 플랜테이션 농장으로 급속도로 확산되었다.

아이티 혁명이 발발하기 전부터 생도맹그에선 황열병이 빈번하게 발생했고, 백인 지배계급인 그랑 블랑은 치명적인 전염병을 피해 프랑스로 돌아가길 원했다.

혁명이 발발하자 이들 중 일부는 신생 독립국인 미국을 비롯해 다른 지역으로 이주했다. 노예가 된 아프리카 원주민과 아이티 혁명을 피하기 위한 그랑 블랑의 이주로 황열병은 북아메리카까지 확산되었다. 황열병은 18세기 말까지 아메리카에서 가장 치명적인 유행성 전염병이었다.

필라델피아 전염병에 맞선
조지 워싱턴

1793년 8월, 당시 미국의 수도였던 필라델피아에서 치명적인 유행성 전염병인 황열병이 발생했다. 11월까지 지속되었는데, 이 기간에 필라델피아에서 발생한 사망자 수는 5천 명 이상이었다.

　당시 통계자료에 따르면, 필라델피아 인구는 5만 명 정도였지만 황열병이 발생하자 2만 명 이상이 유행성 전염병을 피해 다른 지역으로 이주했다. 도시를 떠나지 못한 채 남은 3만 명 가운데 5천 명 이상이 사망했기 때문에 사망률은 무려 16% 이상이었다.

황열병은 다른 유행성 전염병과 비교했을 때 증상이 명백했다. 황열병에 걸린 환자들 사이에서 피부나 눈이 노랗게 변하는 황달이 발생하기 때문이다. 시간이 흐르면서 피부에 보라색 반점이 생기고 검은 변이나 토사물을 배출했다.

이와 같은 증상은 육안으로도 구별할 수 있었기 때문에 14세기 초 서유럽을 휩쓸었던 흑사병과 마찬가지로 감염 여부를 쉽게 파악할 수 있었다.

필라델피아에서 논란이 된 건 황열병의 발생 원인과 치료법이었다. 황열병이 이집트숲모기에 의해 전염된다는 사실이 밝혀진 건 20세기 초다.

그러므로 1793년에 필라델피아에서 황열병이 발생했을 때 치명적인 전염병의 발생 원인을 명확하게 규명하고 적절한 치료법을 제시할 수 있는 의사는 거의 없었다. 시정부와 연방정부는 전염병을 통제하고자 다양한 정책을 시행했지만 실제로 효과를 거둔 정책은 찾아보기 힘들었다.

황열병과 필라델피아

18세기 말, 필라델피아는 미국에서 가장 부유한 도시 가운데 하나였다. 델라웨어강을 낀 필라델피아 항구에는 미국의 여러 도시뿐만 아니라 혁명이 발발하기 전까지 아이티와 유럽을 대상으로 빈번한 교역이 발생하면서 다양한 상품이 거래되었고 수많은 사람이 모였다.

필라델피아 항구 근처에 위치한 '시티 태번City Tavern'은 독립 혁명 이전부터 조지 워싱턴George Washington을 비롯해 벤저민 프랭클린Benjamin Franklin와 존 애덤스John Adams 등 건국의 아버지들이 모여 신생 독립국의 미래를 논의하던 장소였다.

이와 같은 정치적, 경제적 중요성으로 필라델피아는 미국 연방의 첫 번째 수도로 선택되었고, 북아메리카에서 가장 크고 중요한 도시로 성장하고 있었다.

그러나 1793년에 발생한 치명적인 유행성 전염병은 필라델피아의 운명을 완전히 바꿔놓았다. 황열병의 발생 원인을 둘러싸고 필라델피아, 그리고 미국 내 의사들은 크게 두 집단으로 분열했다.

당시 미국 사회를 지배했던 정치 담론과도 밀접한 관련성을 가지고 있다. 이 시기에 미국 사회의 정치 담론은 크게 두 가지로 나뉘어 첨예하게 대립하고 있었는데, 하나는 연방주의Federalism였고 다른 하나는 반연방주의Anti-Federalism였다.

토머스 제퍼슨Thomas Jefferson을 중심으로 하는 반연방주의자들은 개인의 자유와 권리를 보장하는 공화주의 사회를 미국 사회의 이상향으로 제시했다.

이들에게 미국 사회의 공화주의적 이상을 가장 잘 표상하는 건 소규모 자영농이었다. 자급자족 경제를 기반으로 덕성을 실천하는 존재로 간주했기 때문이다.

반면 금융가나 은행가, 상인 등은 미국 사회의 부패 세력으로 간주했다. 반연방주의자들에게 수도 필라델피아를 비롯해 교역과 상업이 발전한 도시는 공화주의 이념이 변질하고 타락하는 공간이었다.

이러한 점에서 볼 때 필라델피아에서 치명적인 유행성 전염병이 발생한 건 당연한 일이었고, 이는 국가의 위기를 초래하는 심각한 사건이었다.

벤저민 러시와 미아즈마 가설

공화주의 신념을 공유했던 대표적인 의사로는 벤저민 러시 Benjamin Rush를 들 수 있다. 필라델피아의 저명한 의사였던 그는 1793년에 수도에서 발생한 치명적인 유행성 전염병을 통제하고 환자들을 치료하는 데 가장 적극적이었다.

당시 많은 의사가 도시를 휩쓴 전염병이 환절기에 발생하는 일상적인 질병이라고 생각했지만, 러시는 황달과 여러 징후를 면밀하게 살펴보고 이 전염병이 황열병임을 확신했다.

그러나 그는 황열병의 발생 원인에 대해선 명확하게 알지 못했다. 18세기 말까지 미국을 비롯해 유럽 전역에선 전염병의 발생 원인으로 '미아즈마miasma 가설'을 믿었다. 고대 그리스 의사 히포크라테스Hippocrates는 흑사병을 비롯해 인류 역사 속에서 유행했던 전염병의 발생 원인이 '미아즈마'라고 주장했다.

미아즈마는 고대 그리스어로 '오염'을 의미하는데, 물질이 부패해 악취가 나면 병원균이 번식하고 전염병이 창궐한다는 주장이었다. 19세기 말 특정 질병이 미생물 때문에 발생한다는 사실이 밝혀지면서 학계에선 폐기되었지만, 1793년 필라델피아에서 황열병이 유행한 당시 러시를 비롯한 다수의 의사는 미아즈마 가설을 믿었다.

러시는 필라델피아의 비위생적인 환경 때문에 공기가 오염되어 황열병이 발생했다고 믿었다. 보다 구체적으로는 카리브해의 커피 플랜테이션에서 수입된 커피콩이 필라델피아 항구에서 썩으면서 인체에 해로운 공기가 발생했다고 주장했다.

당시 필라델피아 항구에선 카리브해에서 수입된 설탕이나 커피, 담배 등의 상품을 대량으로 교역했는데, 교역과 상업을 강조하는 연방주의자들 때문에 치명적인 유행성 전염병이 발생했고 미국 사회와 국가가 위기에 직면했다는 것이었다.

미아즈마 가설을 믿었던 러시는 도시를 깨끗하게 정화하는 것이야말로 황열병을 통제하는 데 가장 효과적인 치료법이라고 생각했다.

그에 따르면, 교역과 상업이 발달하면서 많은 사람이 필라델피아로 모여들자 주변 환경이 오염되어 황열병이 발생했다. 따라서 그는 필라델피아 항구의 부두 청소와 하수도 점검, 거리 청소 등을 황열병 통제정책으로 제시했다.

또한 러시는 황열병과 같은 국가적 위기가 발생했을 때 스스로를 희생하고 헌신할 수 있는 공화주의 시민과 정부가 필요하다고 생각했다. 그에게 1793년의 유행성 전염병은 단순한 질병을 넘어 공화주의 덕성을 회복하고 이를 바탕으로 건전한 사회와 국가를 수립할 수 있는 새로운 계기였다.

그렇지만 항구를 청소하고 거리를 정화하는 것만으로 치명적인 유행성 전염병은 사라지지 않았다. 1793년 10월은 황열병 사망자가 가장 많이 발생한 시기다. 8월에 처음 황열병이 발생했을 때 하루 사망자 수는 열 명 미만이었지만, 10월에는 하루 사망자 수가 100명 이상으로 급증했다.

당시 필라델피아는 정치와 경제뿐만 아니라 미국 의학의 중심지였다. 하지만 치명적인 유행성 전염병으로 환자와 사망자가 급증하면서 미국 사회 내 공포는 더욱 급격하게 확산되었다.

미국 초대 대통령 조지 워싱턴

당시 미국의 대통령은 조지 워싱턴이었다. 2021년에 미국 비영리 공공방송 〈C-SPAN〉에서 실시한 미국 역대 대통령 리더십 순위 설문조사에서 1위를 차지한 건 에이브러햄 링컨^Abraham Lincoln이었고, 2위가 바로 조지 워싱턴이었다. 워싱턴은 미국 건국의 아버지로서 수도에 자신의 이름을 남겼고 화폐의 주인공이 되었다.

워싱턴의 가장 큰 업적은 미국 독립전쟁과 연방 수립을 들 수 있다. 1756년 오스트리아 합스부르크가는 프로이센에 빼앗긴 슐레지엔 지역을 되찾고자 프로이센과 전쟁을 벌였다. 이 전쟁에는 유럽 대부분 국가뿐만 아니라 아메리카와 인도 식민지까지 참여했다.

7년에 걸친 전쟁에서 프로이센은 결국 슐레지엔의 영유권을 확보했고, 영국은 북아메리카와 인도에서 프랑스 세력을 축출했다. 그러나 전쟁으로 막대한 빚을 지자 영국 의회는 식민지에서의 수입을 확대하기 위한 일련의 법을 제정했다. 아메리카 식민지에선 이에 심하게 반발했다.

1774년에 북아메리카 열세 개 식민지는 제1차 대륙회의를 개최하고 식민지 간 연대를 형성했다. 그리고 1775년 5월 10일, 필라델피아에서 식민지 대표들이 모여 제2차 대륙회의를 개최했다. 제2차 대륙회의에서 「독립선언문」을 채택하고 영국으로부터 독립을 선언했다.

워싱턴은 대륙군 총사령관으로 임명되었고, 최초의 전투인 렉싱턴-콩코드 전투부터 파리조약을 통한 독립 승인까지 총사령관으로 복무했다. 1787년에는 미국 헌법의 초안을 작성하기 위한 필라델피아 제헌회의를 주재했고, 버지니아주 대표가 되었으며, 1789년 대통령 선거에서 미국 역사상 유일하게 만장일치로 당선되었다.

워싱턴이 대통령에 당선된 이후 연방정부의 권력을 확실하게 보여준 사건은 바로 위스키 반란이다. 당시 펜실베이니아주의 많은 농민은 곡물 수송의 어려움을 해결하고자 곡물을 위스키로 만들어 판매하곤 했다.

초대 재무부 장관이었던 알렉산더 해밀턴^{Alexander Hamilton}은 독립전쟁으로 인한 부채를 상환하고 연방정부의 재정 수입을 증대시키고자 주류에 연방세를 부과했다. 이 세금은 위스키를 제조하는 사람에게 부과되었기 때문에 남부 산악지대에 거주했던 농민들이 심하게 반발했다.

1791년에 펜실베이니아주 남서부에서 반란이 시작되었고 조지아주까지 확산되면서 폭력과 방화가 난무했다. 워싱턴은 주 민병대를 소집해 직접 군대를 이끌고 반란군을 정복함으로써 연방정부의 권력을 강화했다.

워싱턴의 두 번째 임기

워싱턴의 두 번째 임기는 필라델피아에서 치명적인 유행성 전염병이 발생하기 몇 달 전에 시작되었다. 이후 몇 달 지나지 않아 필라델피아는 황열병으로 심각한 피해를 입었고, 워싱턴은 치명적인 전염병을 피해 고향 마운트 버논으로 피신했다. 해밀턴은 황열병에 걸렸다가 뉴욕주의 알바니로 피신했다.

대통령과 재무장관을 비롯해 수많은 사람이 수도를 버렸고, 필라델피아에 남아 있는 사람은 이미 황열병에 걸린 환자이거나 피신할 경제적 여건이 되지 않는 사람들이 대다수였다. 비록 수도를 떠나 다른 곳으로 피신했지만, 워싱턴을 비롯한 연방주의자들 역시 황열병을 통제하고자 노력했다.

러시를 비롯한 반연방주의자들이 오염된 공기 때문에 전염병이 발생한다고 믿었던 반면, 연방주의자들은 사람들 간 접촉 때문에 황열병이 발생한다고 믿었다.

전염설을 처음으로 주장한 사람은 15세기 이탈리아 의사 지롤라모 프라카스토로Girolamo Fracastoro로 알려져 있다. 그는 비위생적인 환경이나 공기 때문에 전염병이 발생한다는 히포크라테스의 주장에 반대하면서 병원균을 지닌 사람과 접촉하기 때문에 전염병이 발생한다고 주장했다.

프라카스토로의 주장을 지지한 의사들은 전염병을 적극적

장 레온 제롬 페리Jean Leon Gerome Ferris, 〈조지 워싱턴의 두 번째 대통령 취임식〉, 1913년. 1793년 3월 4일, 필라델피아 의회 상원 회의소에서 열린 조지 워싱턴의 두 번째 대통령 취임식을 묘사한 것이다. 두 번째 취임식 연설에서 워싱턴은 135단어로 구성된 짧은 연설을 했다.

으로 통제하기 위해서는 무엇보다도 검역과 격리가 중요하다고 강조했다. 1793년에 필라델피아를 휩쓴 황열병에서도 예외는 아니었다.

연방주의자들은 아이티에서 미국으로 이주한 그랑 블랑 때문에 미국 사회에 황열병이 발생했다고 생각했다. 이 시기에 아이티에서 필라델피아로 유입된 그랑 블랑은 약 750명으로 추정된다.

이들이 필라델피아에 도착한 지 몇 달 지나지 않아 유행성 전염병이 만연했기 때문에 연방주의자들은 황열병이 아이티를 비롯한 카리브해에서 유입된 거라고 판단했다. 치명적인 전염병을 통제하고자 워싱턴은 해외로부터 유입되는 사람이나 상품에 철저한 검역 조치를 취했다. 필라델피아 시민들이 다른 지역으로 이동하는 것도 엄격하게 금지했다.

검역과 더불어 황열병 환자의 격리 조치도 시행되었다. 이미 아이티에서 황열병 환자를 치료한 경험이 있는 장 데브즈^{Jean Devéze}는 임시 수용소에서 전염병 환자들을 치료했는데, 해밀턴이 황열병에 걸렸을 때 그를 치료한 의사로 유명했다.

그는 황열병의 확산이나 전파 정도가 매우 빠르다고 판단하고, 전염병을 효과적으로 통제하고자 환자를 격리하는 게 필수라고 생각했다. 황열병 환자만 치료하는 공공진료소를 설립하고 병실을 따로 만들었는데, 이와 같은 조치에 반연방주의자들조차 극찬을 아끼지 않았다.

황열병과 워싱턴의 리더십

1793년 10월 중순이 되자 치명적인 황열병은 사라졌다. 서리가 내리고 날씨가 추워지면서 갑자기 자취를 감췄다. 그렇지만 유행성 전염병은 필라델피아를 비롯해 미국 사회에 크나큰 영향을 미쳤다.

이 가운데 한 가지는 바로 1794년 제정된 '격리법^{Act of 1794}'에 근거한 공중보건 부서 설립이다. 이 법에 근거해 공중보건 부서는 해외로부터 필라델피아 항구로 들어오는 모든 선박을 철저하게 검역하는 권한을 부여받았다. 필요한 경우 구류할 수 있는 권한까지 부여되면서 유행성 전염병을 통제하기 위한 강제력을 시행할 수 있게 되었다.

필라델피아에서 치명적인 황열병이 발생했던 초기에 워싱턴은 수도를 버리고 피신했다. 그러나 그는 필라델피아뿐만 아니라 미국 사회 전체에 위협적이었던 유행성 전염병을 통제하고자 연방주의자와 반연방주의자의 주장을 균형 잡힌 시각에서 활용했다. 2021년에 시행된 대통령의 리더십 순위 설문조사에서 워싱턴이 1위를 차지한 건 바로 의회와의 관계 덕분이었다.

워싱턴이 취임했던 동안 미국 사회는 다른 어느 시기보다 연방주의와 반연방주의 간 분열이 극심했지만, 그는 중립을 유지하면서 균형 잡힌 정치를 주도했다. 정치적 갈등과 분열 속에서 미국 사회를 통합하는 데 집중했던 것이다. 이것이야말로 워싱턴의 가장 뛰어난 리더십이라고 할 수 있다.

한편 연방주의자이면서 다른 한편으로는 남부 대농장 지주 출신이었던 워싱턴은 자신의 이중적인 정체성을 균형 잡힌 리더십으로 극복하고자 했다.

미국 사회의 본질과 미래상에 대해 서로 다른 비전을 제시하는 두 당파의 대립을 조정하고, 연방주의와 반연방주의의 주장을 균형 있게 국정에 반영했다. 워싱턴의 의회에 연방주의자와 반연방주의자가 골고루 존재했던 사실이 입증한다.

두 번의 임기를 마친 후에는 최고 권력의 자리에서 스스로 내려왔다. 어느 한쪽으로 치우치지 않고 중립을 유지하면서 고르게 인재를 등용하고 스스로 권력으로부터 물러날 줄 아는 워싱턴의 리더십은 근대 의학이 발전하지 못했던 18세기 말에 미국 사회를 휩쓸었던 치명적인 유행성 전염병을 통제하는 데 중요한 원동력이었다.

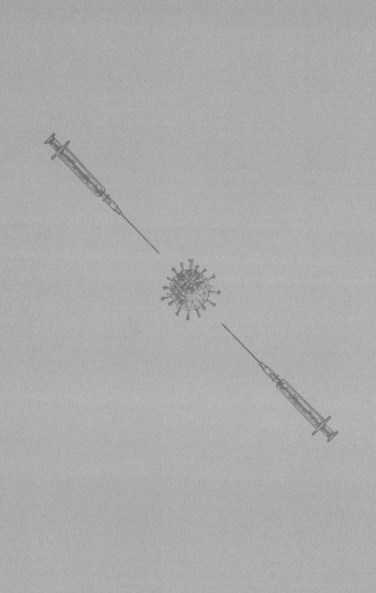

2장

백신으로 전염병을
이겨내려 한 노력

천연두와 토머스 제퍼슨

로마 제국 몰락을 불러온
세계 최초의 팬데믹

2019년 말 중국 우한에서 처음 발생한 '코로나바이러스감염증-19COVID-19'이 전 세계적으로 유행하면서 팬데믹에 대한 관심이 급증했다.

'팬데믹pandemic'은 전 세계적으로 확산되는 유행성 전염병을 의미한다. '모두'를 뜻하는 그리스어 '팬pan'과 '사람'을 뜻하는 '데모스demos'가 결합된 단어다. 일반적인 질병과는 달리 한 지역이나 국가에만 국한되지 않고 대륙 혹은 전 지구적으로 널리 확산되기 때문에 사망률과 치사율이 매우 높다.

WHO에선 전염병 경보 단계를 크게 6단계로 구분한다.

1단계는 인간에게 감염을 유발하는 바이러스가 아직 보고되지 않은 단계다. 2단계는 가축들 사이에서 발생한 바이러스가 인간에게도 감염을 유발한다는 사실이 알려지면서 팬데믹으로 발전할 수 있다고 인식한 상태다. 3단계는 소수의 사람 사이에서 질병이 발생하지만 사람 간 전염으로 나아가지 않은 상태다. 4단계는 공동체 단위에서 질병이 발생해 팬데믹으로 발전할 가능성이 높은 상태다. 5단계는 WHO에 가입한 국가들 가운데 최소 두 개 이상의 국가에서 사람 간 전염이 발생한 상태다. 마지막 6단계는 나머지 국가에서도 질병이 발생해 전 지구적으로 확산될 가능성이 있는 상태다.

2020년 3월 11일, WHO는 COVID-19에 대해 팬데믹을 선포했다. 1968년에 발생했던 홍콩 인플루엔자와 2009년의 신종플루에 이어 세 번째였다.

1968년에 발생했던 홍콩 인플루엔자는 인플루엔자바이러스 A형의 H3N2 아형에 의해 발생한 것으로 전 세계적으로 100만 명 이상이 사망했다. 2009년에 전 세계적으로 대유행을 일으켰던 신종플루 역시 A 바이러스 아형 H1N1의 변종 때문에 발생했다. 당시 214개국 이상에서 발생했고 1만 8천 명 이상이 사망했다. COVID-19도 코로나바이러스의 새로운 변종인 SARS-CoV-2에 의해 발생하는 급성 호흡기 전염병이다.

인류 최초의 팬데믹

인류 역사 속에서 최초의 팬데믹은 무엇일까? 역사학자에 따르면, 인류 역사상 최초의 팬데믹은 165년부터 180년 사이에 로마 제국에서 발생한 역병이다. 놀랍게도 이 시기는 '팍스 로마나Pax Romana'였다. '팍스 로마나'는 기원전 27년부터 180년까지 로마 역사상 유례없는 평화로운 시기를 말한다.

이 시기에는 다섯 명의 현명한 황제가 로마 제국을 통치했는데, 5현제의 마지막 황제였던 마르쿠스 아우렐리우스Marcus Aurelius 황제는 동생 루키우스 베루스Lucius Verus와 함께 공동 황제가 되었다. 하지만 재위 첫해에 심각한 기근과 홍수가 발생했고 파르티아 제국과 전쟁이 발발했다.

파르티아는 카스피해 남동 지역에 위치했는데, 이란 북쪽 지역과 바빌로니아, 메디아 등을 정복하면서 제국으로 발전했다. 이 과정에서 고대의 중요한 글로벌 네트워크였던 실크로드를 장악하고 중국과 로마 제국의 연결고리로 기능했다. 이후 서아시아 지역으로 영토를 확장하면서 로마 제국과 경쟁했다.

로마 제국과 파르티아 제국 사이에 발발한 분쟁의 계기는 아르메니아였다. 아르메니아는 서아시아 남캅카스에 위치했는데, 114년에 트라야누스 황제가 이 지역을 로마 제국의 속주로 삼았다. 그러나 161년에 마르쿠스 아우렐리우스 황제가 즉위하자마자 파르티아 제국의 황제 볼로가세스 4세^{Vologases IV}가 아르메니아에 주둔한 로마 군대를 공격했다.

오늘날 튀르키예 중부에 해당하는 카파도키아를 통치하던 세레리아누스^{Cererianus} 총독은 전쟁에서 패배해 자결했고, 로마 제국은 파르티아 제국에 아르메니아를 빼앗겼다. 그러나 163년에 마르쿠스 스타티우스 프리스쿠스^{Marcus Statius Priscus} 장군이 아르메니아에서 파르티아군을 몰아냈고, 아비디우스 카시우스^{Avidius Cassius} 장군은 셀레우키아에서 파르티아군을 후퇴시켰다.

셀레우키아는 시리아 왕국의 건국자인 셀레우코스 1세^{Seleucus I}가 세운 그리스풍의 도시다. 티그리스강과 유프라테스강에 가까웠기 때문에 강을 이용한 상업과 교역이 발달했다. 번성기 때 셀레우키아 인구는 약 60만 명으로 추정되는데, 당시 로마 인구가 약 100만 명이었음을 고려하면 얼마나 대도시였는지 짐작할 수 있다.

그런데 파르티아 군대가 점령했던 셀레우키아에서 전염병이 발생했다. 전염병은 파르티아 군대뿐만 아니라 이들과 전쟁하던 로마 군대까지 확산되었다. 파르티아 제국과의 전쟁에서 승리한 로마 군대가 본국으로 돌아가면서 지나간 모든 지역에서 전염병이 발생했다. 5세기의 한 스페인 작가에 따르면, 당시 이탈리아반도 내 여러 도시와 마을에서 전염병이 발생했고 주민들은 전부 사망했다.

유행성 전염병은 이탈리아반도에만 영향을 미치지 않았다. 라인강을 따라 북쪽으로 확산되면서 로마 제국 국경 밖에 있던 갈리아족과 게르만족에도 영향을 미쳤다.

이러한 점에서 165년의 전염병은 한 지역을 넘어 여러 지역과 국가에 치명적인 영향을 미친 최초의 팬데믹이었다.

갈레노스 역병

로마 제국과 파르티아 제국의 전쟁으로 로마 제국과 주변 지역까지 확산된 165년의 전염병은 '갈레노스 역병'이라고 불린다. 당시 로마 제국에서 가장 유명했던 의사 클라우디우스 갈레노스^{Claudius Galenus}가 이 역병에 대해 기록을 남겼기 때문이다.

'의학의 황제'라고 불리는 갈레노스는 129년 오늘날 튀르키예에 해당하는 소아시아에서 태어났다. 16세 때부터 의학 수업을 받았고, 로마 제국으로 유학을 떠나 마르쿠스 아우렐리우스 황제의 명을 받아 황태자의 주치의가 되었다. 그는 히포크라테스 이후 최고의 의사로 불리며 고대 의학을 완성한 사람으로 명성을 떨쳤다.

특히 당시에 흔하지 않았던 동물 생체 해부를 실시하면서 인간의 장기에 관해 연구했고, 신경계에 관한 실험적인 연구를 수행했다. 이와 같은 갈레노스의 연구는 400여 권 이상의 저서로 남겨졌다.

갈레노스의 저서가 영향을 미친 건 로마 제국뿐만이 아니었다. 그의 저서는 이슬람 세계로 전파되면서 그 지역의 의학 발전에도 많은 영향을 미쳤다. 9세기경, 이슬람 의사 후나인 이븐 이스하크Hunayan Ibn Ishaq는 고대 그리스의 여러 저서를 아랍어로 번역했는데, 갈레노스의 저서들도 포함되어 있었다.

아랍어로 번역된 갈레노스의 저서들은 11세기에 발발한 십자군 전쟁으로 다시 유럽으로 전파되었다. 그리고 11세기 후반, 수도사 콘스탄티누스 아프리카누스Constantinus Africanus가 이슬람 의학서를 라틴어로 번역하면서 갈레노스의 저서들도 라틴어로 번역되었다. 이후 근대 의학이 발전하기 전까지 갈레노스는 서양 의학에서 해부학과 생리학, 진단법, 치료법 등 다양한 분야에 걸쳐 절대적인 영향을 미쳤다.

165년에 로마 제국을 비롯한 여러 지역에서 원인을 알 수 없는 전염병이 발생했을 때 갈레노스는 자세하게 기록했다. 그는 이 전염병에 걸리면 '열이 나고, 설사를 하며, 목이 붓는다'고 기록했다. 설사가 거무스름하게 보이는 건 위장에서 출혈이 있기 때문이며 심한 기침으로 악취가 난다고 기록했다. 그리고 역병에 걸린 지 9일째 발생하는 발진에 대해서도 언급했다. 그는 발진 일부가 딱지처럼 떨어지면 1~2일 후에 주변 부위가 회복된다고 기록했다. 이와 같은 갈레노스의 기록을 토대로 오늘날 의사들은 165년에 최초로 발생한 팬데믹이 천연두였을 것으로 추정하고 있다.

가장 오래된 전염병, 천연두

천연두는 '베리올라 메이저Variola major'와 '베리올라 마이너Variola minor'라는 두 가지 종류의 두창바이러스smallpox virus에 의해 발생하는 감염성 전염병이다.

초기에 발생하는 증상은 발열과 구토이며, 주된 징후는 피부 발진이다. 시간이 지나면, 피부 발진이 발생한 곳에 물집과 딱지가 생기고 딱지가 떨어지면서 흉터를 남긴다.

천연두의 이러한 특징은 갈레노스의 기록과 상당히 일치한다. 갈레노스는 이 역병에 걸린 사람들이 모두 사망한 건 아니라고 기록했다. 그의 기록에 따르면, 가까스로 살아남은 사람은 면역력이 생겨 전염병이 다시 발생했을 때 걸리지 않았다.

천연두는 인류 역사에서 아주 오래된 전염병이다. 일부 학자는 지금으로부터 약 1만 년 전에 아프리카 북동부 지역의 농경민들 사이에서 천연두가 처음 발생해 이집트 상인들에 의해 인도로 전파된 것으로 추정한다.

천연두와 관련된 가장 오래된 고고학적 증거는 이집트 파라오 람세스 5세Ramses V의 미라다. 람세스 5세는 후계자인 람세스 6세Ramses VI에 의해 처형된 것으로 알려져 있었지만, 1898년에 그의 미라가 복원되며 얼굴에서 병변이 발견되었다. 그리고 이 병변이 천연두 흔적이라는 게 밝혀지면서 그가 천연두로 사망한 게 확인되었다.

천연두로 추정되는 '갈레노스 역병'이 확산되면서 로마 제국에선 수많은 사망자가 발생했다. 역사학자 카시우스 디오Cassius Dio에 따르면, 로마 제국 내 사망자 수는 약 5천만 명으로 추정된다. 로마 제국 전체 인구의 약 7~10%에 해당하는 수치다.

일부 지역에선 전체 인구의 1/3이 천연두로 사망하기도 했다. 마르쿠스 아우렐리우스와 공동 황제에 즉위한 루시우스 베루스 황제 역시 천연두로 사망했다. 그는 파르티아 전쟁에 참전했다가 로마 제국에 도착한 직후 사망했다.

최초의 팬데믹은 로마 제국의 인구 감소에만 영향을 미치지 않았다. 가장 직접적으로 영향을 받은 건 군대였다. 165년에 천연두가 발생했을 때 로마 군대는 스물여덟 개 군단, 약 15만 명의 남성들로 구성되어 있었다. 그들도 천연두를 피해갈 수는 없었다. 전염병에 걸린 군인들의 수가 급증하자 가장 먼저 갈리아 변경을 수비하는 병력 보급에 차질이 생겼다.

갈리아는 오늘날 이탈리아 북부와 프랑스, 벨기에 일대다.

외젠 들라크루아Eugène Delacroix, 〈마르쿠스 아우렐리우스 황제의 유언〉, 1844년. 쇠약하고 늙은 모습의 마르쿠스 아우렐리우스 황제는 아들 콤모두스Commodus의 팔을 붙잡고 있지만, 아들은 아버지의 말에 별다른 관심을 두고 있지 않다. 로마 제국의 종말을 상징하는 그림으로 알려져 있다.

반농반목半農半牧 생활을 하던 갈리아족은 필요한 물자를 얻고자 로마 제국을 자주 침공했는데, 가이우스 율리우스 카이사르Gaius Julius Caesar는 이 지역을 정복해 로마 제국의 영토로 삼았다. 포도주, 맥주, 치즈, 곡물 등의 농업과 도자기, 직물 등의 산업이 발전하고 경제적으로 부유해지면서 갈리아는 로마 제국에 매우 중요한 식민지로 부상했다. 그러나 마르쿠스 아우렐리우스 황제 때부터 게르만족이 이 지역을 자주 침공하면서 수비의 필요성이 증대했다.

천연두 때문에 갈리아를 효과적으로 수비하지 못하게 되자 마르쿠스 아우렐리우스 황제는 로마 군대를 개편했다. 신분에 상관없이 건강한 남성이면 누구나 군대에 입대할 수 있도록 한 것이다.

원래 로마 보병대는 세 개 대열, 즉 하스타티Hastati와 프린키페스Principes, 그리고 트리아리이Triarii로 편성되었다. 하스타티는 전투 대형에서 맨 앞에 있는 전위 부대이고 프린키페스는 두 번째 대열의 창병이며 트리아리이는 갑옷을 입고 방패를 든 세 번째 전열이다.

하스타티를 제외한 프린키페스나 트리아리이는 창이나 갑옷, 방패 등을 구매할 수 있는 경제적 능력이 있는 사람으로만 구성되었다. 그러나 천연두 덕분에 해방 노예나 범죄자, 심지어 게르만족까지도 로마 제국의 군인이 될 수 있었다.

로마 제국의 군대로 편입된 또 다른 계층으로는 검투사를 들 수 있다. 원래 검투사는 투기장에서 싸우는 전사로 로마 제국의 구경거리 가운데 하나였다. 검투사의 기원에 대해서는 정확하게 알려진 게 없다. 기록에 따르면, 가장 오래된 검투사 시합은 기원전 264년에 마르쿠스 유니우스 브루투스Marcus Junius Brutus 형제가 아버지의 장례식을 위해 보아리움 광장Forum Boarium

에서 벌인 것이다.

초기에는 주로 추도의 목적으로 열렸지만, 점차 목적이 변질되면서 시민의 오락거리로 전락했다. 로마 제국의 영토가 확장되고 식민지에서 수많은 전쟁 포로가 유입되자 이들 중 일부는 검투사로 활약하기 시작했다.

80년에 5만 명 정도를 수용할 수 있는 콜로세움이 완성되면서 그곳에서 대규모의 검투사 시합이 열리곤 했다. 당시 기록에 따르면, 하루에 5천 마리 이상의 맹수가 검투사와의 시합으로 죽곤 했다. 한편 천연두가 창궐하고 검투사가 로마 군대로 편입되면서 검투사 시합이 감소하자 로마 시민들의 불만은 급증하기 시작했다.

더 큰 문제는 팬데믹으로 인한 수입 감소였다. 천연두로 인구가 급속하게 감소하면서 제국의 수입 역시 줄어들었기 때문이다. 165년 팬데믹 이후 로마 제국은 심각한 재정 적자에 직면했다. 전염병으로 토지를 경작할 노동력이 부족해졌고 대부분의 토지는 황폐화된 채 방치되었다. 곡물 생산량이 감소하자 곡물 가격은 급등했고 심각한 인플레이션이 발생했다.

상업과 교역에서도 마찬가지였다. 천연두 때문에 상인이나 장인의 수가 감소했고, 실크로드 중 바닷길을 통한 향신료 교역이 지속적으로 감소했다.

이러한 점에서 인류 역사상 최초의 팬데믹인 천연두는 제국의 농업과 상업, 군대까지 모든 분야를 마비시켰다. 결국 마르쿠스 아우렐리우스 황제를 마지막으로 5현제의 통치는 막을 내렸고, 로마 제국은 서서히 몰락하기 시작했다.

마르쿠스 아우렐리우스 황제의 아들 콤모두스는 폭력과 우상화로 로마 제국 역사상 최악의 황제로 남았으며 결국 암살당했다. 이후 군대가 국가의 권력을 쟁취해 군인 황제가 즉위하고, 이후 193년부터 197년까지 내전에 휩싸였다.

전염병을 계기로 인류 역사상 가장 강력한 제국 가운데 하나가 종말을 고하게 된 것이다.

아메리카 제국 몰락을 불러온
콜럼버스

15세기 말, 이탈리아 탐험가 콜럼버스는 아메리카에 처음 도착했을 때 인도라고 확신했다. 아메리카 원주민의 외형이나 피부색이 유럽인과 달랐고 유럽에서 전혀 볼 수 없었던 이국적인 풍경이었다.

　대표적인 동물로는 이구아나, 피라냐, 다람쥐원숭이, 개미핥기, 가오리 등이 있으며 식물로는 선인장을 들 수 있다. 유럽과 비슷한 지리적 환경에도 불구하고 아메리카에만 존재하는 특이한 동물이나 식물을 보면서 유럽인들은 이 지역을 새로운 세계 즉, '신세계New World'라고 불렀다.

신세계에는 유럽인이 이동하기 전부터 여러 제국이 존재하고 있었다. 오늘날 멕시코 중앙 고원 지역에는 천문과 역법이 발달한 아즈텍 제국이 존재했다. 이들은 최고신인 오메테오틀Ometeotl이 태양으로 변해 세상의 변화와 갈등, 진화를 가져다준다고 믿었다.

따라서 태양 소멸과 우주 멸망을 막기 위해 인간의 심장과 피를 신에게 제물로 바치는 관습이 존재했다. 제물을 바치고자 강력한 군대를 조직해 끊임없는 정복 전쟁을 벌였다. 한 기록에 따르면, 아즈텍 제국에서 매년 제물로 바친 포로가 족히 2만 명 이상이었다.

아즈텍 제국에선 '케찰코아틀Quetzalcoatl'이라는 신의 존재를 믿었다. 신화에 따르면, 현재의 세계가 만들어지기 전까지 세 번에 걸쳐 세상이 만들어졌는데, 그중 두 번이 바로 케찰코아틀이 만든 것이다. 케찰코아틀은 주로 녹색 깃털을 단 뱀의 모습을 하고 있다.

그러나 인간의 모습으로 환생하는 경우, 흰 피부에 검은 머리카락을 가진 모습으로 나타난다고 믿었다. 케찰코아틀은 세상과 인간을 창조했고, 이 지역의 가장 중요한 식량이었던 옥수수를 창조했다. 아즈텍 제국에서 가장 중요한 신이었다.

천연두와 아즈텍 제국 멸망

1519년에 에르난 코르테스Hernan Cortés가 500여 명의 스페인 병사를 이끌고 아즈텍 제국에 도착했다. 당시 황제였던 몬테수마 2세Montezuma II를 비롯해 많은 이가 흰 피부를 가진 유럽인의 외모를 보고 케찰코아틀의 환생이라고 생각했다.

아즈텍 제국 군대의 호위를 받으며 코르테스와 병사들은 수도 테노치티틀란에 도착했다. 이들은 제국의 엄청난 부에 깜짝 놀라 곧 황제를 포로로 삼고 금을 요구했다. 많은 금과 은을 스페인으로 가져가는 게 목표였기 때문이다.

스페인 군대의 지나친 요구에 분노한 아즈텍 제국의 백성은 왕국을 포위했다. 코르테스의 협박에 못 이긴 몬테수마 2세는 백성에게 해산을 요구했지만, 화가 난 백성은 황제에게 돌을 집어 던졌다. 어이없게도 몬테수마 2세는 돌에 맞아 죽었다.

코르테스와 스페인 군대는 멕시코시티에서 100km 정도 떨어진 틀락스칼라로 후퇴했다. 그리고 연합군을 형성해 다시 테노치티틀란을 공격했다. 결국 아즈텍 제국은 화승총, 대포 등과 같은 근대식 무기를 가진 스페인 군대에 의해 멸망했다.

그러나 막대한 부와 인구를 가진 아즈텍 제국을 정복한 건 유럽의 근대식 무기가 아니라 아프로-유라시아에서 만연했던 천연두다. 스페인 군대와 함께 아메리카로 이동한 천연두는 아메리카 원주민들이 처음 접하는 끔찍하고 치명적인 유행성 전염병이었다.

천연두와 그 합병증으로 아즈텍 제국 전체 인구의 3/4이 감소했고, 결국 소수의 스페인 군대와 제대로 싸워보지도 못한 채 제국은 멸망하고 말았다. 천연두는 그야말로 엄청난 위력을 가진 생화학 무기였던 셈이다.

거대한 잉카 제국

아즈텍 제국을 몰락시킨 천연두는 잉카 제국으로까지 확산되었다. 16세기 초까지 아메리카에서 가장 거대한 제국은 잉카 제국이었다. 13세기 초 페루의 한 고원에서 시작해 오늘날 에콰도르와 페루, 볼리비아 북부 지역 등 안데스 고원지대까지 지배했다.

잉카 제국은 넓은 영토를 효율적으로 통치하고 연결하고자 도로를 건설했다. 해발 500m 이상의 고원에 다리를 건설하고 도로로 연결했는데 이 도로를 '카미노 레알$^{Camino Real}$', 즉 왕도라고 부른다. 왕도를 통해 잉카 황제는 여러 지방의 산물을 거두고, 정보를 수집했으며, 활발한 정복 전쟁을 벌였다.

잉카 제국의 건축 기술은 비단 도로에만 국한되지 않았다.

오늘날 페루 중남부의 해발 2천 m 이상의 높은 산맥에 위치한 마추픽추는 유네스코 세계유산이자 세계 7대 불가사의 가운데 하나다.

1911년에 미국 고고학자 히람 빙엄Hiram Bingham이 발견했는데, 어떤 용도로 건설된 건지 아직 정확하게 밝혀지지 않았다. 많은 학자가 아마도 황제의 은신처였을 것으로 추정하고 있다.

잉카인들은 20톤 이상의 돌들을 수십 km 떨어진 이곳으로 옮겨와 신전과 집을 지었다. 면도날도 들어갈 틈이 없을 정도로 정교하게 쌓인 돌들은 당시 잉카 문명의 높은 수준을 잘 보여준다.

오늘날 페루 남부에 위치한 쿠스코는 이 거대한 제국의 수도였다. 잉카의 신화에 따르면, 태양의 신 인티Inti가 티티카카 호에서 만코 카팍Manco Capac을 탄생시켰다. 만코 카팍이 황금 지팡이로 땅을 두드리자 땅이 열렸고, 그는 그 자리에 쿠스코를 건설했다. 그리고 만코 카팍은 잉카 제국의 초대 황제가 되었다.

쿠스코는 잉카 제국의 공식 언어인 케추아어로 '세계의 배꼽'이라는 의미를 가지고 있다. 당시 잉카인들은 하늘은 독수리, 땅은 퓨마, 땅속은 뱀이 지배한다고 믿었다. 이와 같은 세계관을 반영하듯 쿠스코는 도시 전체가 퓨마 모양이다.

쿠스코의 성벽은 금을 입혔고, 정원의 조각상은 수많은 보석으로 장식했다. 잉카 제국의 부유함과 화려함은 대서양을 건너 유럽으로까지 전해졌다.

15세기 말, 유럽에는 아메리카 어디엔가 황금의 나라 '엘도라도'가 있다는 소문이 만연했다. 스페인 탐험가 바스코 누네스 데 발보아Vasco Nunez de Balboa는 1513년에 파나마 해협을 횡단했다. 그리고 유럽인으로는 처음으로 태평양을 발견했다. 하지만 당시 그는 이 바다가 어디인지 몰랐다. 이후 포르투갈 선장 페르디난드 마젤란Ferdinand Magellan이 넓고 고요한 이 바다를 '태평양'이라고 불렀다.

엘도라도에 대한 소문을 들은 발보아는 스페인에 군사 파견을 요청했다. 그렇게 대규모의 원정대가 조직되었는데, '발보아 원정대'다.

이 원정대에는 모험을 좋아했던 한 사생아가 참여했다. 아버지가 군인이었지만 어머니가 천민이었기 때문에 경제적으로 어려운 생활을 했던 그는 새로운 도전을 위해 아메리카로 건너갔다. 발보아가 누명을 쓰고 처형당한 이후 그는 발보아의 후계자가 되었다.

그는 잉카 제국에 대한 정보를 수집하면서 남아메리카를 계속 탐험했다. 이 탐험에서 한쪽 눈을 실명하기도 했지만 결국 잉카 제국의 존재를 확인했다. 1531년에 그는 스페인 국왕에게 엄청난 양의 금과 은을 약속하고 다시 원정을 떠났다. 그가 바로 프란시스코 피사로Francisco Pizarro다.

프란시스코 피사로 vs. 잉카 제국

피사로가 잉카 제국에 도착했을 때 제국은 내분으로 혼란스러웠다. 우아이나 카팍^{Huayna Capac} 황제가 사망한 후 황제 자리를 둘러싸고 형제간에 분쟁이 발생했기 때문이다. 원래 후계자는 큰아들인 니난 쿠요치^{Ninan Cuyochi}였으나, 질병으로 사망한 그를 대신해 우아스카르^{Huáscar}가 13대 잉카로 즉위했다.

그러나 기록에 따르면, 우아스카르는 상당히 난폭하고 욕심이 많았다. 이에 불만을 가진 우아이나 카팍의 서자 아타우알파^{Atahualpa}가 반란을 일으켰고, 형제간의 전쟁은 무려 5년 동안 계속되었다. 결국 우아스카르는 아타우알파에게 패했고 아타우알파가 14대 잉카로 즉위했다.

피사로는 카하마르카에서 아타우알파를 만났다. 당시 피사로는 180명 정도의 스페인 병사들을 이끌고 잉카 제국에 도착했다. 이 시기에 잉카 제국의 인구는 6~700만 명 정도였고, 아타우알파의 군대는 8만 명 이상으로 추정한다. 규모 면에서 잉카 제국이 훨씬 우월하다고 생각했던 아타우알파는 6천 명의 군대를 거느리고 피사로를 만났다.

황제를 만난 피사로는 그에게 기독교 개종을 권유했지만 아타우알파는 거부했다. 잉카 제국의 막강한 병력에도 불구하고 스페인의 대포와 기병을 감당하지 못한 황제는 인질로 사로

존 에버렛 밀레이^{John Everett Millais}, 〈잉카를 포로로 잡은 피사로〉, 1846년. 피사로의 개종 권유를 거부한 아타우알파를 사로잡는 모습을 그렸다. 그림 한편에 십자가를 든 신부와 기마병의 모습을 볼 수 있다.

잡히고 말았다. 아타우알파는 자신이 감금된 방을 가득 채울 정도의 금과 은을 주겠다고 약속한 후에 석방되었다.

그러나 1533년 피사로는 스페인 국왕에 대한 반역죄를 물어 아타우알파를 처형했다. 그리고 그의 군대는 별다른 전투 없이 쿠스코와 잉카 제국을 점령했다.

스페인은 200명이 채 되지 않는 소수 병력으로 6만 명 이상의 잉카 제국 군대를 물리쳤다. 그 이유로 지금까지 많은 역사학자가 유럽 과학기술의 우월성을 강조했다.

당시 피사로의 군대는 화승총을 가지고 있었다. 화승총은 15세기에 유럽에서 발명되었다. 화약과 탄환을 장전한 후 불이 붙은 화승을 가져다 대면 화약이 점화되어 탄환이 발사하는 원리를 이용한 것이다. 초기에는 삼각대 위에 두고 발사하도록 설계되었지만, 점차 개인이 소지할 수 있도록 개량되었다. 최대 사정 거리는 약 1천 m에 달했다. 이와 더불어 철제 갑옷과 투구를 소지했다. 이에 반해 잉카 제국 군대의 무기는 창이나 도끼가 대부분이었다.

천연두와 잉카 제국 멸망

그렇지만 스페인 군대가 잉카 제국을 정복할 수 있었던 강력한 무기는 화승총이 아니라 전염병이었다.

약 1만 년 전, 메소포타미아 지역의 비옥한 초승달 지역에서 농경이 시작되었다. 이 지역에선 밀을 재배했고, 돼지나 말 등의 가축을 길들이기 시작했다.

가축과 함께 살기 시작하면서 인수공통 전염병이 만연했다. 천연두와 같은 유행성 전염병은 치명적인 영향을 미쳤지만, 살아남은 사람들은 전염병에 대해 면역력을 가지게 되었다.

반면 아메리카에선 농경이 확산되는 데는 오랜 시간이 걸렸다. 남북으로 길게 뻗은 아메리카의 지형과 밀접한 관련성을 가지고 있다. 특히 수렵 채집 시대에 이미 말과 같은 대형동물이 멸종했기 때문에 가축의 길들이기는 매우 늦게 나타났다.

아프로-유라시아에서 만연했던 천연두나 홍역 등의 유행성 전염병은 당시 아메리카에서 발생하지 않았다. 유럽인들과 처음 만난 아메리카 원주민들은 유럽인과 비교했을 때 이와 같은 전염병에 대해 면역력이 전혀 없었다. 한 번도 경험하지 못한 치명적인 전염병 때문에 아메리카의 제국들이 몰락했고 유럽의 식민지로 전락했다.

아메리카 원주민들은 콜럼버스가 도착한 지 한 세기가 되지 않아 대부분 멸종했다. 미국 역사학자 앨프리드 W. 크로스비Alfred W. Crosby는 15세기 말 이후 유럽과 아메리카 사이에 발생한 생태학적 교환을 '콜럼버스의 교환Columbian Exchange'이라고 불렀다. 단순히 사람의 이동뿐만 아니라 작물과 동물, 나아가 치명적인 유행성 전염병의 이동까지 포함한다.

대표적인 유행성 전염병으로는 천연두를 들 수 있다. '콜럼버스의 교환'은 아프로-유라시아 네트워크와 아메리카 네트워크의 결합으로 유럽이 전 세계 패권을 장악하는 토대를 마련했고, 아메리카 대륙을 휩쓴 천연두가 결정적인 계기였다.

최초의 백신이 야기한
미국 사회 혼란

인류 역사 속에서 오랫동안 치명적인 영향을 미쳤고 제국의 몰락도 초래한 천연두를 치료하거나 예방하고자 많은 노력이 존재했다. 과거에는 주로 신에 의존했지만 별다른 효과가 없었기 때문에 과학적인 접근과 치료 방법이 등장하기 시작했다.

　이와 같은 노력 가운데 한 가지가 바로 '인두법variolation'이었다. 인두법은 천연두를 예방하고자 피부에 상처를 내고 천연두 환자의 고름이나 딱지 등을 문지르거나 코로 흡입해 후천적으로 면역력을 얻는 접종법을 의미한다. 인두법을 접종하면 천연두를 약하게 앓게 되는데, 면역력이 약한 환자의 경우 사망에 이르기도 했다.

　15세기경 중국에서 처음 시행한 것으로 알려진 인두법은 중장묘법과 수묘법, 한묘법, 의묘법으로 구분할 수 있다. 중장묘법은 천연두에 걸린 환자의 고름이나 딱지 등을 코로 흡입하는 방식이고, 수묘법은 천연두 딱지를 갈아 가루를 물에 녹이고 솜에 적셔 콧구멍에 넣는 방식이다. 한묘법은 천연두 딱지를 갈은 가루를 코로 들이마시는 방법이며, 의묘법은 천연두 고름이 생긴 사람의 옷을 건강한 사람이 입는 방식이다.

　중국에서 주로 시행했던 건 중장묘법 또는 한묘법이다. 천연두에 걸린 사람의 딱지를 일정 시간 동안 건조시킨 후 서너 개의 딱지를 사향 알갱이와 함께 섞어 환자가 코로 흡입하도록 했다. 성별에 따라 치료법이 달랐는데, 남자아이들은 오른쪽 콧구멍을 사용했고 여자아이들은 왼쪽 콧구멍을 사용했다.

　당시 중국에 주둔했던 영국 동인도회사 직원은 마틴 리스터Martin Lister 박사에게 이와 같은 천연두 예방법에 대해 보고했고, 그는 영국 왕립학회에 전달했다. 하지만 관심을 가지는 사람들은 거의 없었다.

　인도에서도 천연두 딱지를 환자의 피부에 도포해 치명적인 전염병을 예방하는 방법이 유행했다. 이 방법은 특히 힌두교 브라만 계급 사이에서 성행했는데, 16세기에 브라만 계급에선 일정한 간격을 두고 인두 접종을 시행했던 것으로 알려져 있다.

인도의 인두법은 아프리카로도 전파되었다. 18세기경, 수단에선 부모들이 천연두에 걸린 어린아이가 있는 집을 방문하는 게 하나의 관습이었다. 그들은 일정 금액을 지불하고 천연두에 걸린 아이의 팔에 목화천을 두른 다음 집에 가져와 아이의 팔에 둘렀다. 일종의 의묘법인 셈이다.

에드워드 제너의 백신 개발

인두법에서 벗어나 보다 과학적인 방식으로 천연두를 예방하려는 노력은 18세기에 영국에서 시작되었다. 기록에 따르면, 18세기 초 영국 시인 메리 워틀리 몬태규Mary Wortley Montagu는 투르크 대사가 된 남편을 따라 이스탄불로 이주했다.

그녀는 그곳에서 신기한 광경을 목격했다. 사람들이 팔에 상처를 내고 천연두에 걸린 사람의 고름을 집어넣은 다음 호두껍질로 문지르는 것이었다. 당시 투르크 사람들은 이런 방식으로 천연두를 예방했다.

메리는 이와 같은 내용을 영국 왕실에 전달했다. 효과가 입증되지 않기 때문에 처음에는 주로 범죄자나 빈민을 대상으로 시행하다가 점차 효과가 입증되면서 확산되기 시작했다. 그렇지만 당시에는 인두법 때문에 오히려 천연두에 걸려 사망하는 사람도 빈번하게 발생했다.

당시 영국에선 흥미로운 소문이 떠돌았다. 소젖을 짜는 여성들이 천연두에 걸리지 않는다는 것이었다. 런던에서 외과학과 해부학을 공부하고 돌아온 의사 에드워드 제너^{Edward Jenner}도 그 소문을 들었다.

그는 소와 접촉하면서 우두를 앓은 사람이 천연두에 면역력을 가질 거라는 가설을 세웠다. 우두는 천연두를 유발하는 두창바이러스에 가까운 우두바이러스^{cowpox virus} 때문에 발생하는 전염병이다. 젖소의 유두나 유방에 생기는 천연두인데, 소젖을 짜는 사람은 이를 통해 천연두에 면역력을 가지게 된다.

1796년 5월 14일, 제너는 최초의 우두법 실험을 시행했다. 그는 제임스 피프스^{James Phipps}라는 여덟 살 소년의 양팔에 상처를 냈다. 그리고 소젖을 짜는 사라 넬메스^{Sarah Nelmes}라는 여성으로부터 채취한 고름을 주입했다. 당시에는 오늘날처럼 주사기가 없었기 때문에 제너는 나뭇조각에 고름을 묻혀 상처 부위에 문질렀다. 얼마 후 소년은 우두 증세를 보였지만, 금세 회복되었다. 회복된 소년에게 제너는 다시 천연두를 주입했는데, 아무런 반응을 보이지 않았다.

이를 통해 그는 우두가 천연두를 예방하는 데 효과가 있다는 사실을 입증했다. 이후 제너는 스물세 명을 대상으로 우두 접종 실험을 시행했고, 그 결과를 논문으로 작성해 왕립학회에 제출했다.

　일부 사람들은 제너의 우두법을 반대했다. 당시 사람들은 천연두를 비롯한 치명적인 유행성 전염병을 하느님이 인간에게 내리는 벌이라고 생각했기 때문이다.

　우두를 접종하면 소로 변한다는 소문도 퍼졌다. 오늘날처럼 위생 개념이 발달하지 않았기 때문에 우두를 접종했을 때 부작용이 빈번하게 발생하기도 했다.

　그러나 18세기에 유럽에서 천연두 사망자 수는 6천만 명 이상이었다. 많은 사람이 목숨을 잃거나 곰보 자국을 남기는 대신 우두법을 선택하기 시작했다. 제너의 우두법은 영국을 비롯해 유럽 전역과 다른 지역으로 확산되었다. 대서양 너머의 아메리카 식민지도 마찬가지였다.

천연두와 북아메리카 원주민

1620년 9월 16일, 잉글랜드 남서부에 위치한 플리머스에서 한 척의 선박이 항해를 시작했다. '메이플라워호'였다. 이 선박에는 서른여섯 명의 청교도와 예순여섯 명의 사람들이 탑승하고 있었다. 항로를 이탈하는 바람에 12월 21일 가까스로 오늘날 매사추세츠 플리머스에 도착했다. 탑승자의 절반 이상은 괴혈병과 추위로 사망했는데, 이 가운데 스무 명은 선박 안에서 발생한 천연두로 사망했다.

기록에 따르면, 1633년에 매사추세츠 플리머스 식민지에서 북아메리카 최초의 천연두가 발생했고 당시 유일했던 의사를 포함해 스무 명이 사망했다. 천연두는 식민지인보다 북아메리카 원주민에게 더 치명적인 영향을 미쳤다.

당시 천연두의 창궐을 목격했던 뉴잉글랜드의 한 식민지인은 "모든 사람이 쓰러져 북아메리카 원주민들은 불을 피우거나 물을 마실 수 없었고 죽은 사람을 매장할 수도 없었다"는 기록을 남기기도 했다.

아즈텍 제국이나 잉카 제국과 마찬가지로 대부분의 북아메리카 원주민 역시 천연두에 면역력이 없었다. 오늘날 역사학자는 치명적인 천연두가 매사추세츠주를 휩쓸면서 당시 이 지역에 살고 있던 북아메리카 원주민의 2/3 이상이 사망한 것으로 추정하고 있다.

1730년대에 천연두는 북아메리카에서 더욱 만연했다. 캐나다 남부 지역을 흐르는 아시니보인강 주변에는 북아메리카 대평원 지역에서 유래한 아시니보인 부족이 살고 있었다. 오늘날 그들은 '서스캐처원 부족'으로 불리기도 한다.

이들은 넓은 영토를 지배하고 있었지만, 당시 창궐한 천연두 때문에 인구가 감소하면서 영토의 상당 부분을 포기해야만 했다. 미주리강 주변의 다코타 지역에 살고 있던 아리카라 부족은 천연두 때문에 전체 인구가 절반 이하로 감소했다. 북아메리카 원주민 가운데 유일하게 문자를 가지고 있었던 체로키 부족 역시 천연두 때문에 17세기 중반에 2만 2천 명 정도였던 인구가 절반으로 감소했다.

최악의 천연두가 발생한 보스턴

1721년에 매사추세츠 보스턴에서 최악의 천연두가 발생했다. 당시 보스턴 인구 약 1만 명 가운데 절반 이상인 5,700여 명이 천연두에 걸렸고, 1년이 채 못 되는 동안 800명 이상이 사망했다. 다른 시기보다 두 배 이상 높은 수치였다.

보스턴에서 마지막으로 천연두가 발생한 때가 1703년이었기 때문에 많은 사람이 천연두에 대한 면역력이 거의 없었고, 치사율이 높을 수밖에 없었다.

1721년 4월 22일, 카리브해에 위치한 바베이도스에서 출발한 영국 선박 해마호가 토르투가섬에 정박했다. 아이티 근처의 이곳은 1494년 콜럼버스가 발견한 섬으로 거북이처럼 생겨 이런 이름이 붙었다.

이 섬에 정박하는 동안 일부 선원이 천연두에 걸렸다. 치명적인 전염병은 선원들 사이에서 급속도로 확산되었다. 1721년 보스턴 항구에 선박이 도착하자 천연두는 도시 전체로 퍼져 나갔다. 천연두에 걸린 선원들은 검역을 받고 격리되었지만, 이미 너무 늦었다.

당시 보스턴을 지배하고 있던 종교 지도자는 코튼 매더 Cotton Mather였다. 그는 500권이 넘는 팸플릿과 책을 통해 뉴잉글랜드의 역사를 자세하게 기록했다. 특히 『미국에서 그리스도의 위업: 뉴잉글랜드 교회의 역사 Magnalia Christi Americana: Ecclesiastical History of New England 』에선 미국 성인들의 생애를 기록하면서 하나님의 왕국을 건설하고자 미개척지로 이주한 청교주의자들의 사명감을 강조했다.

매더가 미국 역사에서 유명해진 건 세일럼 마녀사냥 때문이었다. 마녀사냥이란 특정 사람에게 죄를 뒤집어씌우고 마치 진실인 것처럼 몰아가는 걸 의미한다. 15세기 초 유럽에서 시작되어 16~17세기를 거치면서 절정에 달했다.

당시 유럽은 이교도가 증가하고 종교전쟁과 30년전쟁, 기근과 페스트 등으로 경제 상황이 악화되었다. 이러한 종교적, 사회적 위기를 극복하고 지배층의 권력을 유지하고자 마녀사냥을 이용했다. 이 시기에 마녀로 고발당한 사람은 약 10만 명에 달했고, 이 가운데 4만 명 이상이 사망했다.

아메리카 식민지에서도 크게 다르지 않았다. 1692년 매사추세츠 세일럼 빌리지에 부임한 목사 새뮤얼 패리스^{Samuel Parris}의 딸 베티 패리스^{Betty Parris}와 애비게일 윌리엄스^{Abigail Williams}가 이상 행동과 발작을 보였다.

이러한 증상은 다른 소녀들에게도 나타났다. 당시 소녀들을 진찰한 의사는 마녀 때문에 발생한 증상이라고 진단했다. 마을 사람들로부터 추궁 받던 두 소녀는 결국 목사관 하녀 티투바^{Tituba}를 마녀라고 지목했다. 조사 끝에 티투바는 자신이 두 소녀를 저주했다고 시인했다. 이후 마녀로 지목되는 소녀와 여성의 수가 급증하기 시작했다.

그리고 세일럼 빌리지에선 마녀재판이 열렸다. 이 마녀재판을 주도했던 사람이 바로 매더였다. 사실 그는 과학에 상당한 흥미를 가진 이성적인 사람이었다. 하지만 당시 매사추세츠 사람들의 신앙심이 날로 쇠락해가자 마녀재판이 신앙심을 회복시킬 수 있는 기회라고 판단했다.

마녀재판으로 1629년 가을까지 사형당한 사람은 스무 명 이상이었고, 감옥에 갇힌 사람은 무려 100명 이상이었다. 투옥된 사람들 가운데 마을 사람들로부터 존경받는 사람도 포함되어 있었다. 마녀재판을 이용해 정적을 없애버리려는 시도가 빈번했다. 집단 히스테리는 세일럼 빌리지를 넘어 다른 지역으로까지 확대될 기미를 보였다.

결국 매사추세츠 총독은 마녀사냥을 중지시켰고 투옥된 사

탐킨스 H. 매트슨Thompkins H. Matteson, 〈마녀 검증〉, 1853년. 세일럼 빌리지에서 행해진 마녀 사냥을 주제로 그린 그림이다. 그림의 중앙에 서 있는 여성은 메리 피셔Mary Fisher로 퀘이커 교도였던 그녀는 청교주의자들로부터 환영받지 못하는 존재였는데, 마녀로서의 징표가 그녀의 등에 나타나 있어 유죄로 판정받았다.

람들은 모두 석방되었다. 마녀재판을 주도했던 매더가 오히려 신정정치 몰락에 앞장선 셈이다.

마녀사냥과 관련해 매더는 돌이킬 수 없는 실수를 저질렀지만, 다른 한편으로 그는 보스턴을 구하는 데 앞장서기도 했다. 천연두 예방 접종을 통해서였다.

1721년 5월 26일, 그는 일기에 다음과 같이 썼다. "이 마을에 천연두의 재난이 시작되었다."

6월이 되자 보스턴의 공중보건은 그야말로 위기에 직면했다. 많은 사람이 천연두를 신이 인간에게 내리는 벌이라고 생각했다. 1천 명에 가까운 사람들은 보스턴을 버리고 근처 시골로 피신했다.

당시 매사추세츠 대법원은 보스턴에서 케임브리지로 이전했지만, 8월이 되자 케임브리지에서도 천연두가 발생했다. 10월 초에 의회에서 천연두 발생 및 사망 통계를 조사했는데, 무려 2,700건이 넘었고 200명 이상이 사망했다. 치명적인 전염병이 확산되는 걸 두려워해 예배조차 제대로 드릴 수 없었다.

천연두 때문에 식민지 공동체가 붕괴하는 걸 우려한 매더는 열네 명의 의사에게 편지를 보냈다. 편지의 내용은 천연두 예방 접종에 관련된 것이었다. 그는 이미 자신의 노예 오네시모Onesimus로부터 아프리카의 인두 접종에 대해 들어서 알고 있었다.

또한 17~18세기 투르크 의사 임마누엘 티모니Emmanuel Timoni가 영어로 쓴 인두법 책도 읽었다. 그는 이 책에서 천연두에 걸린 환자로부터 고름을 추출해 건조한 다음 건강한 사람의 피부에 문지름으로써 면역력을 가지게 하는 방법에 대해 언급했다.

매더는 천연두 예방 접종이야말로 치명적인 전염병으로부터 사람들을 보호할 수 있는 가장 효과적이고 안전한 방법이라고 확신했다. 하지만 당시 보스턴 의사들은 예방 접종이 오히려 천연두를 확산시키고 다른 사람들을 감염시킬 거라고 두려워했다.

매더의 편지에 답장을 한 의사는 하버드 대학의 자비엘 보일스턴Zabdiel Boylston뿐이었다. 그는 1721년 6월 26일, 아들과 노예, 노예의 아들에게 천연두 예방 접종을 실시했고 모두 천연두에서 살아남았다. 이를 계기로 보일스턴은 천연두 예방 접종의 안전성에 대해 확신을 가졌다. 이후 5개월 동안 그는 247명에게 천연두 예방 접종을 시행했고, 이 가운데 여섯 명만 사망했다. 그야말로 놀라운 성공이 아닐 수 없다. 열세 개 식민지에서 시행된 최초의 천연두 예방 접종이었다.

그리고 보일스턴의 천연두 예방 접종 성공을 계기로 매더는 새로운 생각을 가지게 되었다. 그는 천연두 예방 접종이 천연두로부터 사람들을 보호하기 위한 '신성한 선물'이라고 믿었다. 그래서 더 많은 사람에게 예방 접종을 시행하는 게 자신의 의무라고 생각했다.

그러나 여전히 많은 이가 천연두 예방 접종을 반대했다. 당시 면역력에 관한 의학적 지식이 없던 사람들은 일부러 천연두에 감염시켜 면역력을 가지게 한다는 사실에 몹시 분노했다. 뉴 잉글랜드의 한 의사는 "접종 도구와 병을 가지고 다니면서 사람들에게 전염병을 전염시키려 하고 있습니다. 과연 사람들을 전염시키면서 하나님께 기도할 수 있습니까?"라고 주장했다.

일부 사람들은 2% 내외라는 사망률 수치를 근거로 천연두 예방 접종에 반대하기도 했다. 그러나 1721년 초 보스턴에서 천연두가 발생했을 때 사망률은 14% 이상이었다. 그와 비교한다면, 천연두 예방 접종으로 인한 사망률은 그야말로 아주 낮은 수치라고 할 수 있다.

식민지 사회에서 천연두 예방 접종을 둘러싼 논란이 끊이지 않자 식민지 정부와 시의회는 천연두 예방 접종 폐지를 명령했다. 성난 군중이 매더의 집을 공격하고 조카의 방에 폭탄을 설치하기도 했다. 보스턴 식민지인들에게 천연두 예방 접종은 혐오의 대상이었고, 많은 사람이 매더의 실험에 회의적이었다. 매더의 천연두 예방 접종은 식민지 사회의 백신 수용을 위한 일종의 테스트베드였다.

시간이 흐르면서 아메리카 식민지는 점차 천연두 예방 접종에 관대해졌다. 미국 초대 대통령 조지 워싱턴은 독립혁명 당시 대륙군이 직면한 가장 큰 위험 가운데 하나가 천연두라고 생각했다. 그는 부대에서 천연두가 발생하면 군인들을 격리시키곤 비좁고 지저분한 군대 환경을 개선하고자 노력했다. 더불어 예방 접종으로 군인들의 건강 상태를 개선하려 했다.

비록 워싱턴이 면역이나 바이러스의 메커니즘을 정확하게 이해했던 건 아니지만, 천연두에 한 번 걸렸던 사람이 다시는 걸리지 않는다는 사실을 알고 있었다.

초기에 그는 천연두에 걸렸던 경험이 있는 사람들로만 부대를 구성하기도 했다. 그래서 1776년 3월에 치명적인 천연두가 발생했을 때, 군인과 시민들을 보호하고 면역력이 없는 영국 군인들을 물리칠 수 있었다.

미국 제2대 대통령 존 애덤스 역시 천연두 예방 접종을 지지했다. 그는 치명적인 전염병을 예방하기 위한 가장 좋은 방법은 백신 접종이라고 생각했다. 그래서 1764년 7월, 스스로 천연두 예방 접종을 받았다. 당시까지 천연두 예방 접종은 여전히 논쟁거리였다.

하지만 애덤스는 예방 접종이 위험보다 이점이 더 많다고 생각했다. 의학적 배경 지식이 풍부했던 그는 미국 사회에 천연두 예방 접종을 널리 확산시키고자 노력했고, 이러한 노력은 제3대 대통령 토머스 제퍼슨으로까지 이어졌다.

백신으로 천연두를 이겨내려 한
토머스 제퍼슨

미국 사우스다코타주의 러시모어 산에는 거대한 바위들이 있다. 높이가 18m 이상인 화강암이다. 여기에는 미국 역사상 가장 위대한 대통령 네 명의 얼굴이 조각되어 있다. 미국 초대 대통령 조지 워싱턴을 비롯해 에이브러햄 링컨, 시어도어 루즈벨트Theodore Roosevelt, 그리고 토머스 제퍼슨이다.

1776년 6월, 아메리카 열세 개 식민지 대표들은 본국인 영국과 완전한 분리를 원했다. 그래서 「독립선언서」를 작성하고자 했다.

기초위원회는 당대 최고 문필가였던 벤저민 프랭클린과

존 애덤스, 로버트 R. 리빙스턴Robert R. Livingston, 로저 셔먼Roger Sherman, 그리고 토머스 제퍼슨에게 독립선언서 작성을 부탁했다. 이 시기에 제퍼슨은 정치적 영향력이 별로 없었다. 하지만 「독립선언서」의 초안 대부분은 그가 작성했다.

> "모든 사람은 평등하게 창조되었고, 창조주는 몇 개의 양도할 수 없는 권리를 부여했으며, 그 권리 중에는 생명과 자유와 행복의 추구가 있다. 이 권리를 확보하고자 인류는 정부를 조직했으며, 이 정부의 정당한 권력은 인민의 동의로부터 유래하고 있는 것이다."

우리에게도 잘 알려진 「독립선언서」의 이 부분을 바로 제퍼슨이 작성했다. 이후 그는 미국 민주주의를 상징하는 인물로 부상했다.

제퍼슨은 워싱턴 행정부에서 초대 국무부 장관을 역임했다. 그리고 1800년 대통령 선거에서 미국 제3대 대통령으로 선출되었다.

당시 대통령 선거와 관련해 일화가 전해진다. 후보자의 득표수에 따라 대통령과 부통령이 선출되는 방식이었는데, 공화파 후보로 출마했던 제퍼슨과 애런 버Aaron Burr는 73표로 동일한 표를 얻었다. 여러 차례 투표했지만, 도저히 승자를 판가름할 수 없었다.

장 레온 제롬 페리Jean Leon Gerome Ferris, 〈독립선언문 작성, 1776년〉, 연도 미상. 1776년에 「독립선언문」을 작성하고 있는 모습을 그린 그림이다. 왼편에 서 있는 사람이 토머스 제퍼슨, 가운데 앉아 있는 사람이 존 애덤스, 그리고 오른편에 앉아 있는 사람이 벤저민 프랭클린이다.

해밀턴은 '버보다는 차라리 제퍼슨이 낫다'고 하면서 연방주의자 의원들에게 영향력을 행사했고, 제퍼슨이 대통령에 당선될 수 있었다.

위대한 대통령, 토머스 제퍼슨

대통령으로 당선된 제퍼슨의 가장 큰 업적은 미국의 영토 확장이었다. 1803년 제퍼슨은 한 번의 사인으로 미국의 영토를 두 배 이상 확대했다. 1803년에 연방정부는 프랑스로부터 200만 km²에 달하는 루이지애나를 1,500만 달러에 구입했다. 이를 두고 역사학자들은 '미국 역사상 가장 현명한 구매 가운데 하나'라고 일컫는다.

당시 북서부 지역의 농민들은 주로 미시시피강을 이용해 보스턴이나 뉴욕 등으로 농작물을 운반했다. 이 강을 통과하기 위해선 강 입구의 뉴올리언스를 지나야 했다. 하지만 당시 뉴올리언스는 프랑스 영토였기 때문에 농민들은 이곳을 지날 때마다 통행세를 냈다. 이를 둘러싸고 농민들의 불만이 고조되자 제퍼슨은 의회로부터 뉴올리언스 매각을 허락받았다.

이 시기에 프랑스를 지배했던 사람은 다름 아닌 나폴레옹 보나파르트다. 그는 미국령 루이지애나를 기반으로 강력한 프랑스를 재건하고자 했지만, 현실은 그의 마음처럼 되지 않았다. 1791년 8월 22일, 프랑스 식민지였던 생도맹그에서 혁명이 발발해 노예제도가 폐지되고, 아프리카 원주민들이 지배하는 최초의 공화국이 탄생했다. 아이티 혁명이다. 나폴레옹은 아이티 혁명을 진압해야 했고 영국과의 전쟁도 준비해야 했다.

이때 미국에서 뉴올리언스 매각을 협상하고자 파견된 사절단이 방문했다. 아이티 혁명 때문에 골치 아팠던 나폴레옹은 놀라운 제안을 했다. 뉴올리언스뿐만 아니라 루이지애나 전체를 매각할 의사가 있다고 한 것이다.

그는 루이지애나를 매각해 영국과의 전쟁 군비를 확충할 계획이 있었다. 의회의 승인 없이 영토를 구매할 수 없었지만, 루이지애나 매각은 사절단에게 매우 달콤한 유혹이었다.

결국 사절단은 영토를 구입하기로 결심했다. 의회 비준과 1,500만 달러의 대금을 준비하는 과정은 그야말로 고난의 연속이었다. 하지만 제퍼슨은 "미국 대통령은 외국과의 조약을 체결할 수 있는 권한이 있다. 루이지애나 매입 협정은 일종의 조약이다."라고 주장했다. 1803년 말, 루이지애나 매입 협정은 하원에서 90대 25, 상원에서 26대 5로 비준되었다.

루이지애나 면적은 한반도 면적의 열 배에 달한다. 1km²당 7달러에 팔린 셈이다. 그래서 루이지애나는 '인류 역사상 가장 황당하게 판매된 땅'이라고 불리기도 한다. 일단 엄청나게 넓은 땅을 매입했지만, 미국뿐만 아니라 프랑스조차 루이지애나에 대해 아는 게 거의 없었다. 아프리카의 사하라 사막처럼 쓸모없는 땅이라는 소문이 무성하자 미국 국민 사이에서 쓸데없는 황무지 구매에 세금을 낭비한다는 비난이 쏟아지기도 했다.

하지만 오늘날 미국 지도를 들여다보면 루이지애나는 열다섯 개의 주에 걸쳐 있는 광범위한 영토라는 사실을 확인할 수 있다. 미주리, 아칸소, 아이오와, 네브래스카, 오클라호마, 사우스다코타, 몬태나, 캔자스, 와이오밍, 루이지애나, 미네소타, 콜로라도, 노스다코타, 뉴멕시코 그리고 텍사스의 일부다. 19세기 초에는 미국 영토의 절반을 차지했다.

이 거대한 영토를 획득하면서 미국은 서쪽으로 팽창할 수 있는 기반을 마련했다. 루이지애나 매입을 계기로 본격적인 서부 개척 시대가 도래한 것이다. 그리고 미국의 영토가 태평양까지 이르면서 미국은 아메리카의 유일한 강대국으로 부상했다. 오늘날 초강대국으로서 미국의 영향력은 제퍼슨의 업적에서 기인했다고 할 수 있다.

제퍼슨의 업적은 비단 영토 확장에만 국한되지 않는다. 1779년에 제정된 「버지니아 종교 자유법Virginia Statue for Religious Freedom」에는 그의 종교적 신념이 잘 반영되어 있다.

그는 "어느 누구도 특정한 종교의 예배나 장소, 성직자에 대한 참석 혹은 지지를 강요받지 않아야 하고, 어느 누구도 이와 관련해 자신의 신체나 재산에 대해 강요나 억제 폭력, 부담을 받지 않아야 하며, 자신의 종교적 의견이나 믿음 때문에 고통 받지 않아야 한다."라고 주장했다. 종교에 대한 제퍼슨의 생각은 후일 자유로운 종교 활동 방해를 금지하는 「연방헌법」 수정조항 제1조를 제정하는 데 큰 영향을 미쳤다.

제퍼슨의 천연두 백신 옹호

제퍼슨 시대에 영토 확장과 종교적 자유를 비롯한 영화榮華만 있었던 건 아니다. 식민지 시대와 마찬가지로 당시 미국에는 치명적인 유행성 전염병 천연두가 빈번하게 창궐했다.

이 시기까지 미국 사회에서 천연두 예방 접종은 크게 환영받지 못했다. 사람들은 천연두 예방 접종이 유행성 전염병의 확산을 막기는커녕 오히려 퍼뜨릴 거라고 두려워했다. 많은 사람이 천연두가 신이 인간에게 내리는 벌이라고 생각했고, 예방 접종은 벌을 피하는 방법이기 때문에 신의 의지에 반하는 거라고 믿었다.

미국 사회의 이러한 분위기를 잘 보여주는 게 1768년에 발생한 버지니아 노포크 백신 반대 폭동이다. 당시 의사였던 아치볼드 캠벨Archibald Campbell은 장차 시장이 될 코르넬리우스 캘버트Cornelius Calvert 가족과 스코틀랜드 이민자 가족들에게 천연두 예방 접종을 했다. 접종에 반대하는 사람들이 항의했지만, 당시 버지니아 법에 따르면 예방 접종은 불법이 아니었다.

이후 캘버트는 노포크로 더 많은 천연두 백신을 가져왔다. 그리고 다른 사람들에게도 천연두 백신을 접종하자 광분한 폭도들이 캠벨의 집에 불을 질렀다. 결국 1770년 6월 27일, 버지니아 하원에선 천연두 예방 접종을 규제하는 법안을 제정했고 버지니아는 천연두 예방 접종을 금지했다.

당시 제퍼슨은 캠벨을 비롯한 폭동 희생자들을 적극적으로 옹호했다. 1770년에 그는 톰슨 메이슨Thompson Mason과 함께 폭도들을 기소했고, 그들 가운데 일부는 결국 유죄 판결을 받았다.

제퍼슨은 1766년에 필라델피아로 여행을 갔는데, 당시 펜실베이니아를 비롯해 메릴랜드, 뉴저지 등 중부 지역은 매사추세츠나 버지니아에 비해 천연두 예방 접종에 대해 다소 관대했다.

그 여행의 목적 가운데 하나가 바로 천연두 예방 접종이었다. 그의 부인 마사 제퍼슨Martha Jefferson이 천연두 예방 접종을 받았는지 확실하지 않지만, 그의 두 딸은 천연두 예방 접종을 받았다.

제퍼슨은 초기부터 천연두 예방 접종을 적극적으로 옹호했다. 대통령이 된 후에는 천연두 예방 접종을 미국 전역으로 확대하려고 노력했다.

1801년에는 몬티첼로에 거주하는 사위와 이웃, 노예 등 약 200명을 대상으로 천연두 예방 접종을 시행했고, 이후 더 많은 예방 접종 자원자들을 모집하려고 애썼다.

천연두 백신에 대한 제퍼슨의 열정은 그가 제너에게 보낸 편지에서 더욱 잘 드러난다.

"귀하가 보내주신 백신 접종 발견과 관련된 증거 사본을 받았습니다. 기꺼이 보내 주셔서 감사합니다. 나는 일찍이 자국민들에게 백신 접종을 추천했습니다. 나는 온 인류의 가족을 대신해 귀하에게 감사 인사를 전합니다. 의학에서 이와 같은 유용성이 개선된 적은 한 번도 없었습니다. 귀하는 인류의 고난의 달력에서 가장 큰 것 가운데 한 가지를 지웠습니다. 인류는 귀하의 존재를 영원히 기억할 것입니다. 미래의 후손들은 역사 속에서 천연두라는 끔찍한 질병이 존재했고, 귀하가 박멸시켰다는 걸 잊지 않을 것입니다."

백신으로 국민의 자유를 수호한 반연방주의자

1803년에 루이지애나를 매입한 후 제퍼슨은 이 지역의 동식물 분포와 아메리카 원주민 등을 조사하는 탐험을 실시했다. 바로 '루이스와 클라크의 탐험'이다. 메리웨더 루이스^{Meriwether} ^{Lewis}와 윌리엄 클라크$^{William Clark}$의 임무는 마흔 명의 탐험대를 이끌고 로키산맥을 넘어 태평양에 도착하는 것이었다.

1804년 5월, 미주리강을 따라 그들의 탐험이 시작되었다. 그들은 오늘날 노스다코타에 해당하는 지역에서 만단족과 겨울을 보냈고, 1805년 11월 7일 드디어 오리건주와 태평양에 도달했다.

루이스와 클라크의 탐험으로 미국은 아메리카 원주민과 지리, 광물, 야생 동물과 식물에 대한 정보를 축적할 수 있었고 서부를 점령하는 기본 토대를 마련했다.

놀랍게도 당시 이 탐험에서 루이스는 천연두 예방 접종 혈청을 늘 지니고 다녔다. 만나는 북아메리카 원주민들에게 접종하려 했던 것이다. 비록 그들이 노스다코타에 도착했을 때가 겨울이어서 혈청을 사용할 수는 없었지만, 미국 국민뿐만 아니라 북아메리카 원주민까지 천연두로부터 예방하고자 했던 제퍼슨의 노력을 짐작할 수 있다.

제퍼슨은 국민의 자유를 지키는 게 연방의 가장 중요한 목표라고 생각했다. 이를 위해 강력한 중앙정부보다 지방정부를 선호했고, 상공업보다 농업이 신생 국가의 경제 근간이 되어야 한다고 생각했다. 이러한 점에서 제퍼슨은 반연방주의의 중심 인물이었다.

제2대 대통령이었던 존 애덤스 행정부에서 제퍼슨은 부통령이었지만, 애덤스의 정책을 반대하는 데 앞장서기도 했다. 1800년 대통령 선거에서 제퍼슨이 당선되면서 연방주의자가 아닌 반연방주의 세력이 정권을 잡자 제퍼슨은 이 선거를 '1800년의 혁명'이라고 부르기도 했다.

제퍼슨이 국민의 자유를 지키는 방법 가운데 한 가지는 미국 전역에서 창궐하는 천연두를 효과적으로 예방하는 것이었다. 그는 백신 접종에 대한 불신을 잠재우고, 많은 사람이 백신을 접종할 수 있도록 노력했다.

위기를 타개하기 위한 리더십과 미국 사회를 위한 비전 제시라는 부분에서 제퍼슨은 오늘날까지도 긍정적인 평가를 받는 대통령이다.

그는 자신의 묘비 문구를 직접 작성한 것으로도 유명한데, "독립선언문과 버지니아 종교 자유법의 기초자, 버지니아 대학의 아버지 토머스 제퍼슨 여기 잠들다."였다.

수많은 업적 가운데 대통령이라는 최고 권력자로서의 업적이 빠져 있다는 것 역시 워싱턴과 마찬가지로 오늘날까지 많은 미국 시민이 제퍼슨을 존경하는 이유다.

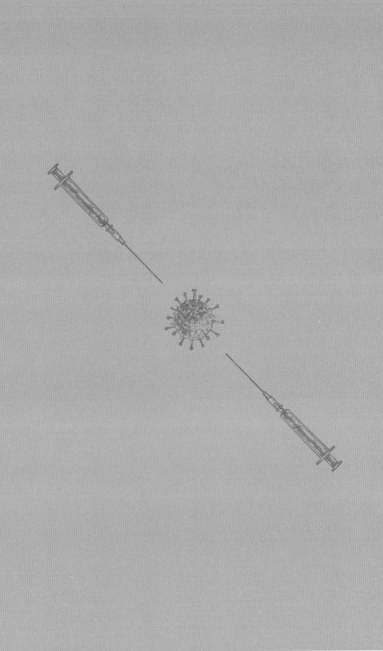

3장

전염병 통제에
관심이 없던 대중의 대통령

콜레라와 앤드류 잭슨

산업혁명이 야기한
치명적인 유행성 전염병

18세기 중반부터 영국에서 산업혁명이 시작되었다. 산업혁명의 가장 중요한 특징 가운데 하나는 에너지의 변화다. 과거에 사람들이 주로 사용했던 에너지는 목재다. 하지만 이 시기에는 새로운 에너지를 찾아야 했다. 기후변화 때문이었다.

이 시기는 소빙기Little Ice Age였다. 일반적으로 소빙기는 1300년대부터 1800년대까지 마지막 빙하기 이후 가장 추웠던 시기를 말한다. 전 지구적으로 빙하 지역이 확대되면서 추위가 극심해졌다. 당연히 목재 수요가 증가했지만 공급량은 이에 미치지 못했다.

당시 사람들이 대체 에너지로 사용한 건 석탄이다. 지질학자들은 지금으로부터 약 3억 6천만 년 전~ 2억 9천만 년 전에 해당하는 고생대 후기를 '석탄기'라고 부른다. 이 시기에 나무가 처음 등장해 대규모의 삼림이 형성되었다. 석탄은 이 시기의 식물들이 퇴적되어 높은 압력과 열에 의해 분해된 것이다.

영국의 경우, 잉글랜드 북부에 위치한 페나인산맥이 고생대 석탄계로 이뤄져 있다. 바로 여기에 탄전이 있다. 처음에는 노천 석탄을 사용했는데, 석탄 사용량이 급증함에 따라 땅속의 석탄을 채굴하기 시작했다.

그런데 땅속 석탄을 채굴하면서 한 가지 문제가 발생했다. 갱도가 침수된 것이다. 지하수를 퍼내고자 여러 가지 방법을 고안했다. 이 가운데 하나가 바로 증기기관이었다. 다시 말해, 증기기관은 석탄 채굴 시 물을 퍼내기 위한 펌프를 돌리는 엔진에서 유래한 것이다.

산업혁명 무렵

물을 끓이면 수증기가 발생한다. 이 수증기로 기계를 작동시키려는 생각은 이미 오래전부터 존재했지만, 실용성이 거의 없었다. 1693년에 영국 발명가 토머스 세이버리Thomas Savery가

증기를 압축시켜 발생하는 기압차를 이용해 양수 펌프를 만들었다.

그리고 1712년에 영국 기술자 토머스 뉴커먼^{Thomas Newcomen}은 최초로 실용적인 증기 엔진을 만들었다. 그가 발명한 증기 엔진은 대기압으로 피스톤을 움직여 물을 퍼내는 것이었다. 그러나 수증기를 압축시키고자 물을 분사할 때마다 실린더 전체가 냉각되어 열 손실이 많았다. 결국 효율성이 상당히 낮을 수밖에 없었다.

뉴커먼이 발명한 증기 엔진을 개량한 사람이 바로 제임스 와트^{James Watt}다. 그는 수증기를 실린더가 아닌 별도로 연결된 응축기에서 압축시켰다. 그리고 대기압이 아닌 수증기로 피스톤을 움직이는 방법을 개발했다. 응축기만 냉각시키고 실린더의 열은 그대로 보존되었기 때문에 효율성이 매우 높아졌다. 또한 피스톤의 운동을 동력으로 이용할 수 있도록 했다.

증기 엔진은 석탄 채굴에만 사용되지 않았다. 새로운 운송 수단의 동력으로 활용되었다. 1825년 조지 스티븐슨^{George Stephenson}은 세계 최초의 상업용 증기기관차인 로코모션호를 발명했다. 이 증기기관차는 잉글랜드 북부에 위치한 달링턴에서 스톡스까지 운행되었다.

당시 달링턴은 영국 내 주요 석탄 산지였다. 석탄 생산량이 급증하면서 새로운 운송 수단이 필요해진 것이다. 증기 엔진 덕분에 교통과 운송 혁명이 시작되었고 산업혁명을 더욱 가속화 시켰다.

그 결과, 도시로 많은 사람이 유입되었다. 당시 공장에선 많은 노동력이 필요했다. 그래서 수많은 사람이 일자리를 찾아 도시로 이동했다. 인구학자에 따르면, 19세기 초 런던 인구는 약 86만 명이었지만 19세기 중반에는 650만 명까지 폭발적으로 급증했다.

도시는 고대부터 존재했다. 역사학자는 인류 역사상 최초로 농경이 시작된 비옥한 초승달 지역에서 초기 도시가 등장했다고 본다. 고대 그리스는 도시국가 형태로 발전했고, 로마 역시 도시에서 시작되어 제국으로 발전했다. 중세에는 교역과 상업을 중심으로 도시가 형성되었다.

산업혁명 이후 도시는 자원이 풍부한 지역을 중심으로 발전했다. 주변에는 일자리를 찾아 도시로 이주한 노동자들의 거주 지역이 형성되었다. 이윤이 상당히 많이 남는 사업이었는데, 도시로 이주하는 노동자들의 수가 많았기 때문이다.

당시 도로와 인접한 토지는 가격이 비쌌다. 주택 건설업자들은 비용을 적게 들이고자 도로에 인접한 면이 좁은 건물을 빽빽하게 지었다. 이렇게 지어진 집들은 대부분 빛이 제대로 들지 않았고 공기도 탁했다. 습기도 많이 차서 사람이 살 수 없는 환경이었다.

그러나 공장에서 일했던 사람들은 대부분 임시직 노동자였다. 그래서 일당을 벌기 위해선 공장 근처에 거주해야만 했다. 임금은 낮고 임대료는 높았지만, 이들은 이 비참하고 지저분한 지역에서 벗어나기 어려웠다.

도시는 이중적인 모습을 가지고 있었다. 낮의 도시는 분주한 모습이었다. 공장 굴뚝에선 끊임없이 연기를 뿜어냈고, 많은 사람이 기계와 함께 일했다. 하지만 밤의 도시는 전혀 다른 모습이었다. 역한 냄새를 풍기면서 식량조차 구하기 어려운 빈민들이 가득했다. 이들은 비위생적인 환경에서 그야말로 죽지 못해 살아가고 있었다.

런던에선 공장의 엄청난 폐수가 모두 템즈강으로 흘러 들어갔다. 주변에 살고 있던 사람들은 오염된 하수를 사용할 수밖에 없었다. 치명적인 유행성 전염병이 발생하기에 최적의 조건이었다.

영국 동인도회사와 콜레라

18세기 중반, 런던에서 치명적인 영향을 미친 유행성 전염병은 콜레라다. 콜레라는 인도 벵골 지역에서 만연했던 풍토병이다. 역사학자는 영국 동인도회사East India Company 때문에 인도의 풍토병이 영국으로 확산되었다고 주장한다.

산업혁명 이전까지 유럽을 지배한 경제정책은 중상주의였다. 중상주의는 금이나 은과 같은 귀금속을 축적해 국가의 부를 증가시키고자 했다.

이를 위해선 해외 식민지로부터 값비싼 상품이나 자원을 획득하는 게 중요했다. 유럽의 일부 국가들은 해외 식민지 개척과 무역을 위한 무역회사를 설립했다.

가장 먼저 설립된 건 영국 동인도회사로 인도와 아시아에서의 원활한 교역을 위해 설립했다. 125명의 주주가 7만 2천 파운드를 출자해 회사를 설립했고, 엘리자베스 1세^{Elizabeth I}는 영국 동인도회사에 15년 동안 독점권을 부여했다.

당시 영국과 네덜란드는 인도네시아에 많은 관심을 가지고 있었다. 자바 섬에서 생산되는 후추나 주변 지역에서 자라는 정향 등 향신료 때문이었다. 1623년 인도네시아 동부에 위치한 암본섬에서 영국과 네덜란드 사이에 전쟁이 발발했다.

전쟁의 승리자는 네덜란드였고 영국은 인도네시아에서 후퇴해야 했다. 그렇지만 아시아와의 무역을 포기할 수 없었다. 영국 동인도회사는 인도 남동부 벵골만에 위치한 마술리파탐에 상관商官을 개설했다. 그리고 다른 지역들에도 반강제적으로 상관을 개설했다.

1657년에 영국 동인도회사는 의회로부터 새로운 특권을 부여받았다. 그리고 주식회사로 새로 탄생했다. 이 시기에 영국 동인도회사는 인도산 면직물인 캘리코를 교역했다. 당시 캘리코의 인기는 대단했다. 영국에선 주로 모직물을 이용했는데, 모직물과 비교했을 때 캘리코는 가볍고 저렴했으며 아름답기까지 했다.

향신료에서 면직물로 무역 대상이 변화함에 따라 영국 동인도회사의 정책도 변화했다. 1757년 6월에 발생한 플라시 전투를 계기로 더욱 분명해졌다.

플라시 전투는 인도에서의 패권을 두고 일어난 영국과 프랑스 간의 전투다. 당시 벵골 지역 태수 시라지 웃다울라^{Siraj ud-Daulah}는 영국 동인도회사의 밀 무역이 벵골 지역 경제에 심각한 영향을 미친다고 주장하면서 영국인들을 추방했다.

인도 무역에 관심을 가지고 있던 프랑스는 인도 편을 들었다. 하지만 인도 캘커타 북서부에 위치한 플라시에서 발발한 전투는 영국의 승리로 끝났다.

영국 동인도회사가 행정권과 사법권까지 가지면서 벵골은 영국의 식민지로 전락했다. 이때 인도의 풍토병인 콜레라가 영국으로 이동한 것으로 추정된다.

1832년 콜레라와 위생개혁

1832년에 런던에서 콜레라가 최초 발생했다. 당시 대부분의 사람은 미아즈마 가설을 믿었다. 템즈강으로 흘러 들어간 오염된 하수 때문에 악취와 나쁜 공기가 발생했고, 그 때문에 콜레라가 유행한다고 주장했다.

그래서 템즈강 근처의 악취를 제거하면 유행성 전염병이 사라질 거라 생각했다. 하지만 악취만 제거하려 한 대처 방법은 별다른 효과가 없었다. 콜레라 확산의 원인 중 하나인 오염된 하수를 템즈강에 유입하는 행동을 규제하지 않았기 때문이다.

이 시기 영국 사회개혁가 에드윈 채드윅Edwin Chadwick은 도시 위생 처리 시스템을 개혁해야 한다고 주장했다. 그는 위생 처리 시스템으로 도시에서 발생하는 유행성 전염병을 통제해 사망률을 감소시킬 수 있다고 생각했다. 1832년 채드윅은 '구빈법' 실시 및 행정 조사를 담당하게 되었다.

영국에서 '구빈법'이 제정된 건 1601년이다. 엘리자베스 1세는 부랑인과 빈민에 대응하고자 구빈법을 제정했다. 구빈법에 따르면, 영국 내 1,500교구마다 구빈원을 설치해 빈곤한 사람을 구제하도록 하고 있다. 이와 더불어 '거주 및 이주법'을 제정해 각 지역에서 지정한 곳에만 빈곤한 사람들을 국한했다.

그렇지만 산업혁명 이후 도시에선 노동력이 부족했다. 1834년에는 구빈법을 개정해 빈곤한 사람들을 산업화에 필요한 인력으로 활용하고자 했다. 그 결과, 도시 환경은 더욱 악화되었다.

당시 영국에선 빈곤이 게으르고 나태한 개인의 문제라고 생각하는 사람들이 많았다. 채드윅은 구빈법 조사를 통해 도시 노동자들 사이에서 절대적 빈곤이 얼마나 심각한지 파악했다. 그는 빈민들 사이에 만연한 질병을 예방함으로써 구빈율을 증가시키고 경제적으로도 이득이라는 사실을 강조했다.

1842년 채드윅은 「영국 노동인구의 위생 상태에 관한 조사보고서」를 작성했다. 이 보고서에서 그는 지역별 사망률과 경제 상태를 서로 연관시켜 합리적 질병 관리의 필요성을 제기했다.

나아가 그는 환경 관리와 개선이 국가의 책임이라고 주장했다. 이와 더불어 도시 노동자의 주택 환경을 개선해야 한다고 주장했다. 또한 하수도와 상수도의 위생 상태도 개선해야 한다고 주장했다. 채드윅의 주장은 1854년 한 의사 덕분에 더욱 설득력을 얻었다.

1854년 콜레라와 최초의 역학조사

1854년에 영국 런던 소호에서 다시 치명적인 콜레라가 발생했다. 영국 역사상 가장 심각한 콜레라였다. 3일 동안 127명이 사망했다. 열흘이 지나자 사망자 수는 500명으로 증가했다. 그야말로 끔찍한 유행성 전염병이었다.

당시 런던의 의사였던 존 스노우^{John Snow}는 한 가지 가설을 세웠다. 나쁜 공기가 아니라 오염된 물 때문에 콜레라가 발생한다는 것이었다. 그는 콜레라 환자와 사망자가 발생한 집을 모두 확인해 지도에 꼼꼼하게 표시했다.

그 결과, 스노우는 브로드가의 펌프를 중심으로 콜레라가 발생했다는 사실을 발견했다. 콜레라 환자나 사망자가 발생한 집마다 방문해 브로드가의 펌프 물을 마셨는지 확인했다.

당시 브로드가의 펌프 물은 맛이 좋다고 소문이 나서 다른 지역에서도 이 물을 가져다 마시는 사람이 있었다. 그는 자신의 가설을 확인하고자 자체 펌프를 가지고 있거나 물 대신 맥주나 다른 음료를 마신 사람들 사이에서도 콜레라에 걸린 환자가 있는지 확인했다. 그리고 이 자료를 토대로 그는 지역 이사회를 설득해 브로드가의 펌프를 폐쇄했다.

스노우는 콜레라에 처음 걸린 환자의 집 정화조가 브로드가의 펌프 저수조와 상당히 가깝다는 사실을 발견했다. 당시

조지 J. 핀웰George J. Pinwell, 〈죽음의 조제소〉, 1866년. 19세기 중반 런던에 치명적인 영향을 미친 콜레라가 오염된 물을 통해 확산되고 결국 죽음을 초래한다는 메시지를 전달하는 작품이다.

정화조 벽은 상당히 부식되어 있었다. 그 사이의 토양층은 콜레라균으로 심각하게 오염되어 있었다.

콜레라에 처음 걸린 사람으로부터 배출된 콜레라균이 정화조 및 토양층을 통해 펌프 저수조에 유입되었고, 이 펌프의 물을 마신 사람들에게 확산된 것이었다.

이를 통해 스노우는 콜레라가 오염된 물로 확산된다는 사실을 밝혀냈다. 히포크라테스 시대부터 약 2천 년 동안 유럽과 전 세계를 지배했던 미아즈마 가설이 완전히 사라지는 계기였다. 유행성 콜레라의 원인을 밝힘으로써 스노우는 '역학疫學의 선구자'로 부상했다.

역학은 역병, 즉 전염병을 연구하는 학문을 의미한다. 오늘날에는 질병과 원인의 분포에 대해 연구하는 학문을 뜻한다. 역학에선 인구 집단에서 발생하는 모든 생리적 상태와 이상 상태의 빈도 및 분포를 조사한 후 이를 결정하는 요소들과의 관련성을 조사한다. 그렇게 질병이 발생하는 원인을 밝힌다. 스노우의 콜레라 지도를 계기로 역학은 더욱 급속하게 발전하기 시작했다.

도덕개혁으로 통제하려 한
1832년 콜레라

미국에서 콜레라가 처음 발생한 건 1832년 여름이다. 유행성 전염병이 처음 발생한 지역은 미국에서 가장 큰 도시 뉴욕이었는데, 당시 건강한 사람들 사이에서조차 콜레라로 인한 사망률은 50% 이상이었다. 그러나 19세기의 의학 수준으로는 콜레라의 발생 원인을 밝히기가 어려웠다.

18세기 말 미국 사회에 치명적인 영향을 미쳤던 황열병이 발생했을 때와 마찬가지로 콜레라 발생을 둘러싸고 크게 두 가지 의견이 대립했다. 한 가지는 오염된 공기 때문에 전염병이 발생한다는 것이었고, 다른 한 가지는 사람 또는 물건을 매개로 전염병이 확산된다는 것이었다.

높은 사망률에도 불구하고 콜레라의 발생 원인을 명확하게 규명하기 어려웠기 때문에 환자를 효과적으로 치료하는 게 매우 중요했다. 일부 의사는 사혈bloodletting을 시행했는데, 체내의 피를 빼내 긴급 상황에 대처하는 방법을 의미한다.

로마 제국의 유명한 의사였던 갈레노스 때부터 시행된 방법으로 당시 유럽에선 신체를 구성하는 관이 막히면 열이 발생하기 때문에 사혈로 열을 내려야 한다는 주장이 만연했다. 1793년에 필라델피아에서 황열병이 유행했을 때도 사혈은 가장 빈번하게 시행된 치료법이었다.

그러나 사혈은 별다른 효과가 없었다. 결국 뉴욕주 보건국은 새로운 전염병 통제 전략을 수립해야 했다. 뉴욕에 만연한 콜레라를 통제하고자 보건국은 캐나다를 비롯한 다른 국가에서 유입되는 상품과 사람에 검역을 시행했다. 사람이나 물건을 통한 전염병 확산설이 보다 신빙성이 높다고 판단했기 때문이다. 이와 더불어 콜레라 환자를 건강한 사람으로부터 격리하고 환자를 수용할 수 있는 임시 병원을 수립했다.

이와 같은 노력에도 불구하고 콜레라 환자 수는 계속 증가했다. 주 보건국과 의사들이 치명적인 전염병의 원인을 제대로 규명하지 못하고 효과적인 치료법조차 없는 상황 속에서 뉴욕 시민들의 불안감과 공포는 계속 커졌다. 유행성 전염병을 통제하기 위해 미국 사회를 개혁해야 한다는 주장이 제기되었고, 이와 같은 움직임은 미국 사회를 변화시키려는 시대적 열망으로 확산되었다.

콜레라와 도덕개혁

1832년에 뉴욕에서 발생한 콜레라를 통제하고자 시작된 최초의 개혁은 '도덕개혁'이다. 많은 종교인은 미국 사회의 부도덕 때문에 유행성 콜레라가 발생했다고 믿었다.

19세기 중반, 뉴욕은 대운하와 철도 건설로 미국에서 가장 큰 항구도시로 발전했고 미국 내 여러 도시와 유럽의 도시까지 연결하는 중심지로 부상했다.

경제적으로 번영하면서 뉴욕 시민들은 물질주의에 빠져들었다. 물질과 향락을 자연스러운 인간의 욕망으로 간주하는 사회적 분위기가 확산되면서 절제와 금욕을 강조했던 청교주의Puritanism는 미국 사회를 지배하는 가치로 작동하기 어려웠다.

이러한 사회적 분위기 속에서 1832년 콜레라는 금욕과 절제를 기반으로 도덕적인 생활을 추구한 사람들에게 "신이 부도덕한 인간에게 내리는 벌"이었다. 이와 같은 인식은 미국 사회 전반에 걸쳐 발생했던 신앙대각성 운동과 밀접한 관련성을 가

토머스 윌리^{Thomas Walley}, 〈1750년 6월, 볼턴에서 설교하는 조지 휫필드〉, 연대 미상. 영국 목사 조지 휫필드가 잉글랜드 북서부에 위치한 볼턴에서 설교하는 장면을 그린 것이다. 그는 감성적이고 호소력 있는 설교로 많은 사람에게 복음을 전파했고, 뉴잉글랜드 지역을 중심으로 일어난 제1차 신앙대각성 운동에도 큰 영향을 미쳤다.

지고 있다.

신앙대각성 운동은 18세기 초에 시작해 19세기 초와 19세기 말, 그리고 20세기 중반까지 네 차례에 걸쳐 계속되었다. 최초의 신앙대각성 운동은 뉴잉글랜드를 비롯해 여러 식민지에 만연했던 형식주의 등을 극복하고자 일어났고, 19세기 초에 일어난 제2차 신앙대각성 운동은 도덕적인 생활로 원죄를 회개하고 구원받을 수 있다고 강조했다.

많은 사람이 제2차 신앙대각성 운동이 만연했던 시기에 발생한 유행성 콜레라를 통제할 수 있는 건 도덕개혁뿐이라고 믿었다. 시민의 도덕적 정화로 전염병을 예방하고 통제할 수 있다고 생각했다.

특히 무절제하고 방탕한 생활을 하는 사람이 콜레라에 더 쉽게 걸린다는 보도가 발표되면서 도덕개혁은 더욱 강력한 지지를 얻었다. 무절제하고 비윤리적인 생활 때문에 콜레라가 발생했다는 주장은 청교주의가 지배했던 미국 사회로 되돌아가려는 개혁운동을 더욱 가속화하는 계기로 작용했다.

유행성 전염병을 통제하려는 도덕개혁은 금주운동으로 이어졌다. 캘리포니아주 샌프란시스코에는 '탈출이 불가능한 감옥'으로 유명한 교도소가 있다.

19세기 중반부터 아시아 이민자들이 몰려들면서 샌프란시스코의 규모가 커지자 연방정부는 알카트라즈섬에 미합중국 육군 기지를 설치했다. 미국 내전 때까지는 육군 기지로 사용되다가 전쟁 이후에는 군법을 어긴 사람들을 수용하는 감옥으로 이용되기 시작했다.

샌프란시스코 앞바다에 상어가 자주 출몰하고 주변 조류의 흐름이 급속해 탈출이 쉽지 않은 것으로 알려져 있지만, 기록에 따르면 열네 번의 탈옥 기록이 있고 아직까지 다섯 명의 행방이 밝혀지지 않았다.

처벌보다 교화가 중요하다는 인권운동가의 주장이 확산되

고 운영 비용을 감당하지 못해 알카트라즈 교도소는 1963년에 폐쇄되었다.

이곳에는 미국 역사에서 많은 논란을 제기했던 연방헌법 수정조항 제18조를 위반한 혐의로 수감된 사람이 있었다. 수정조항 제18조는 미국과 모든 사법권이 미치는 영토 내에서 주류의 제조, 판매, 운송, 수출 및 쉽을 금지하는 일명 '금주법'이다. 1933년에 제정된 수정조항 제21조에 의해 폐지되었다.

금주법과 콜레라 통제

'금주법' 제정에 가장 적극적인 역할을 담당한 건 기독교 복음주의자들이었다. 금욕과 절제를 강조하는 청교주의의 영향을 받은 메인주에선 이미 19세기 초에 금주법을 제정했고, 여타 다른 주에서도 자체적으로 금주법을 시행했다.

1919년 10월 28일에 '볼스테드법'이 제정되었는데, 알코올 농도가 0.5% 이상이면 불법으로 규정했다. 사실상 미국 사회 내 모든 주류의 제조와 판매를 금지한 것이다.

기독교 복음주의자 외에도 많은 사람이 금주법을 찬성했다. 당시 미국은 급속한 산업화가 시작되고 있었는데, 자본가들은 노동자의 음주가 생산성을 저하한다고 생각했다. 여기에 많은 여성이 음주가 가정의 경제적 빈곤과 폭력을 초래한다고 주장하면서 금주법 제정을 적극적으로 찬성했다.

1917년 미국이 제1차 세계대전에 참전하면서 독일에 대한 반감 역시 금주법 제정의 또 다른 맥락으로 작용했다. 당시 미국 사회의 많은 독일 이민자가 양조업에 종사하고 있었는데, 독일 맥주의 알코올 농도가 2.5~3% 정도였기 때문이다.

금주법이 제정되고 시행되었지만, 불법으로 술을 제조하고 유통하는 경우가 빈번했다. 특히 다른 어느 지역보다 맥주가 대량으로 공급되는 도시가 있었는데, 바로 시카고였다. 시카고에선 맥주 양조장을 숨기기 어려웠으므로 공무원에게 뇌물을 주고 불법으로 맥주를 생산했다.

당시 맥주 1배럴의 생산 원가는 4달러였지만, 판매 가격은 55달러로 원가의 열 배 이상이었다. 한 통계에 따르면, 양조업자들은 1927년 한 해에만 1억 5천만 달러를 벌었다. 엄청난 이득이었지만, 세금은 단 한 푼도 내지 않았다.

미국 내에서 가장 유명한 마피아 알 카포네^Al Capone도 금주법을 위반한 죄로 알카트라즈 교도소에 수감되었다. 뉴욕시 브루클린에서 태어난 이탈리아 이민자 알 카포네는 1919년에 시카고로 이동했다. 아일랜드 마피아와 벌인 전쟁에서 승리하면서 도시 전체를 장악했다.

수많은 폭력과 살인의 배후에 그가 있었는데, 정치 및 경찰

과의 유착 관계로 체포가 어려웠다. 결국 그를 체포할 수 있었던 건 금주법 위반과 탈세 혐의였다.

1832년에 콜레라가 만연했을 때도 금주개혁이 나타났다. 1793년에 황열병이 만연했을 때 필라델피아의 저명한 의사였던 러시는 과도한 음주가 신체적으로나 정신적으로 치명적인 영향을 미친다고 주장하면서 금주개혁을 주장한 바 있다.

19세기 초, 치명적인 콜레라가 유행하면서 전염병의 발생 원인이 음주로 인한 무절제한 생활이라고 주장하는 금주개혁이 다시 나타났다. 금욕과 절제를 통한 엄격한 신앙생활만이 유행성 전염병을 통제할 수 있다고 믿었던 것이다.

콜레라와 반이민주의

콜레라가 만연했던 시기에 나타난 미국 사회의 도덕개혁은 금주에만 국한하지 않았다. 당시 사람들은 미국 사회에 급증하는 이민자들이 치명적인 전염병의 원인이라고 생각했다.

19세기 초에 6만 명 정도였던 이민자는 1830년대가 되면서 두 배 이상 급속하게 증가했다. 특히 이 시기의 이민자들은 이전 시기의 이민자들과 달리 남유럽이나 동유럽, 아시아에서 이주한 사람들이 많았다. 이 가운데 가장 두드러진 건 아일랜드 이민지였다.

미국 사회로 유입된 아일랜드 이민자들이 가장 많이 이주했던 곳은 바로 뉴욕이다. 당시 뉴욕 인구의 약 1/4을 아일랜드 이민자들이 차지하고 있었는데, 이들은 유럽의 다른 지역에서 이주한 이민자들과 비교했을 때 더 가난했고 별다른 기술도 없었다. 더욱이 가톨릭을 믿고 있었다.

아메리카 식민지로 이주한 필그림(1620년 메이플라워호를 타고 미국으로 건너가 플리머스 식민지에 정착한 영국의 분리판 청교도)은 보다 나은 경제적 기회를 찾아 이동한 사람들이었지만, 이들 가운데 영국 국교회의 탄압을 피해 이주한 사람들도 있었다. 종교의 다양성을 인정하고 있지만, 미국 사회는 근본적으로 프로테스탄스 사회였다.

아일랜드 이민자가 급증하면서 미국 사회 내에선 반가톨릭 정서가 만연하기 시작했다. 아일랜드 이민자는 미국 사회에 매우 위협적인 존재로 간주되었다. 통계에 따르면, 1832년에 뉴욕에서 발생한 콜레라 사망자 수는 약 3,500명으로 추정되는데 이 가운데 40% 이상이 아일랜드 이민자였다.

많은 미국인은 아일랜드 이민자들의 무절제한 음주와 비위생적인 생활 때문에 뉴욕에서 치명적인 유행성 전염병이 발생했다고 믿었다. 이러한 점에서 1832년 콜레라는 미국 사회 내에서 아이랜드 이민자들에 대한 적대적인 담론을 확산하는 계기로 작용했다.

아일랜드 이민자를 비롯해 미국 사회에서 원하지 않는 이민자들이 증가하면서 반이민주의가 확산되었다. 기록에 따르면, 미국 사회에서 반이민주의가 처음 등장한 건 18세기 말이다. 당시 프랑스 혁명을 피하려는 난민이나 잉글랜드와의 분리를 주장하는 아일랜드 난민이 미국으로 이주하면서 이들에 대한 반발이 나타났다.

이를 위해 급진적인 사상을 지닌 외국인을 투옥하거나 추방할 수 있는 법률까지 제정했다. 19세기 중반까지 아일랜드를 비롯해 남유럽과 동유럽, 그리고 아시아 이민자들이 급증하면서 반이민주의는 더욱 확산되었다.

청교주의를 바탕으로 절제와 금욕을 강조한 움직임은 미국 사회를 개혁하기 위한 도덕개혁으로 발전했다. 금주개혁을 바탕으로 치명적인 유행성 콜레라를 통제하고 미국 사회를 초기의 신앙 공동체로 되돌리려는 노력은 반이민주의와 결합하면서 새로운 담론을 형성했다.

많은 미국인에게 이민자들은 콜레라를 비롯한 치명적인 유행성 전염병의 온상이고, 이들의 유입을 억제해야 한다는 목소리가 높아졌다.

결국 1832년의 콜레라는 전염병 통제를 위한 도덕개혁뿐만 아니라 미국 사회의 이민정책에도 많은 영향을 미쳤다.

'최초'의 수식어를 가진 대통령, 앤드류 잭슨

1828년 대통령 선거는 미국 역사에서 많은 의미를 지닌다. 미국의 열한 번째 대통령 선거였던 이 선거에서 민주당 대통령 후보 앤드류 잭슨^{Andrewe Jackson}은 국민공화당 후보 존 퀸시 애덤스^{John Quincy Adams}를 물리치고 대통령에 당선되었다.

선거인단 261명 가운데 과반수인 131명보다 훨씬 많은 178명이 잭슨을 지지했고, 전국 투표에서도 55% 이상을 득표했다. 이 선거로 대통령으로 당선된 잭슨은 미국 역사에서 '최초'라는 수식어가 유난히 많이 붙은 대통령이다.

우선, 1828년 대통령 선거는 미국 역사상 최초의 진흙탕 선거로 알려져 있다. 1824년 선거까지만 하더라도 미국 내 여러 주에선 투표권에 많은 제한을 두고 있었다. 당시 투표권은 재산이나 세금을 납부하는 능력에 따라 자격을 제한하고 있었기 때문에 전체 유권자 수는 많지 않았다. 한 통계에 따르면, 1824년 대통령 선거 당시 투표권을 가진 유권자 수는 미국 전체 인구의 3% 미만이었다. 미국이 건국된 이래 오랫동안 대중이 정치에 참여하는 걸 회의적으로 생각했기 때문이다.

그러나 1828년 선거에선 이와 같은 재산권 기준을 폐지했다. 백인 남성에 한해 선거권을 확대하면서 유권자 수는 미국 전체 인구의 약 10%까지 증가했다. 그리고 이와 더불어 '포퓰리즘Populism'이 선거의 주요 이슈로 등장했다.

사실 1828년 선거에서 포퓰리즘보다 더욱 심각했던 건 '네거티브 전략'이었다. 1824년 대통령 선거에서 애덤스에게 패배한 적이 있는 잭슨은 그의 사생활을 폭로했다. 러시아 대사로 재직하던 시절에 애덤스가 러시아 황제인 알렉산드르 1세Aleksandr I에게 여성을 소개했다고 폭로하면서 그를 '포주'라고 비난했다. 애덤스의 부인 루이사 애덤스Louisa Adams를 혼전에 아이를 낳은 부도덕한 여성으로 몰아세우기도 했다.

애덤스 역시 마찬가지였다. 잭슨의 부인 레이첼 잭슨Rachel Jackson은 전 남편과 이혼 절차가 완료되기 전에 잭슨과 결혼했는데, 이를 둘러싸고 온갖 추문이 난무했다. 그런데 1828년 선거에서 잭슨이 승리해 백악관에 입성한 지 며칠 후 레이첼이 사망했다. 이 사실을 둘러싸고 잭슨은 애덤스 때문에 자신의 아내가 사망했다고 비난했고, 애덤스는 전임 대통령이 신임 대통령의 취임식에 참석하지 않는 전례 없는 행동을 보였다. 그야말로 네거티브 대선의 절정이라 할 수 있다.

애덤스와 잭슨의 악연은 1824년 대통령 선거로 거슬러 올라간다. 당시 애덤스가 속한 민주공화당에선 네 명의 후보가 독자적으로 출마하면서 누구도 선거인단의 과반수 이상을 확보하지 못했다. 결국 수정헌법 제12조에 따라 연방 하원에서 당선자를 결정해야만 했다. 일반 투표에선 잭슨이 1위였지만, 애덤스와 헨리 클레이^{Henry Clay}의 합작으로 당선자가 애덤스로 바뀌었다. 선거에서 진 잭슨은 애덤스의 임기 내내 그의 발목을 잡았고, 4년 후 대통령 선거에서 다시 경합했다.

1828년 미국 대통령 선거

1828년 대통령 선거에서 잭슨은 미국 대통령 선거 역사상 최초로 대중을 대상으로 하는 선거운동을 시행했다. 오늘날 선거의 기본 전략이라 할 수 있는 대중과의 직접 소통은 바로 잭슨의 전략에서 비롯된 거라 할 수 있다. 선거운동에서 잭슨은 정치 기반인 농민이나 노동자를 직접 만나 자신의 강점을 강조했다. 유권자의 아이를 안아주는 행동을 보이기도 했다. 반면, 애덤스는 전임 대통령과 마찬가지로 대중보다는 엘리트와의 만남을 주로 진행했다. 민중을 수호하는 이미지를 얻은 잭슨은 결국 대통령 선거에서 승리할 수 있었다.

미국의 제7대 대통령으로 즉위한 잭슨은 미국 역사상 최초의 이민자 출신 대통령이다. 그의 부모는 아일랜드에서 미국으로 이주한 이민자로서 아버지는 그가 태어나기 3주 전에 사고로 사망했다.

홀어머니 아래에서 자란 그는 전임 대통령과는 매우 다를 수밖에 없었다. 워싱턴부터 애덤스에 이르기까지 전임 대통령은 유서 깊은 가문 출신의 부유한 사람들이었다. 최고 수준의 교육도 받았다. 여섯 명의 대통령 가운데 네 명은 버지니아주 출신이어서 일명 '버지니아 왕조'라는 유행어가 생기기도 했다.

그러나 잭슨은 이들과 달랐다. 가난한 이민자의 아들로 태어난 그는 독학으로 공부했고 대학도 졸업하지 않았다. 통나무 집에서 백악관으로 입성한 성공 신화를 보여준 링컨보다 먼저 성공 신화를 보여준 사람이 바로 잭슨이다.

가게 종업원으로 일하다가 법률을 배워 서부에서 변호사가 된 잭슨은 법률관으로 일하면서 테네시주 의원에 선출되었고, 연방 상원의원을 거쳐 대통령 후보로 지명되었다.

BORN TO COMMAND.

OF VETO MEMORY.

HAD I BEEN CONSULTED.

KING ANDREW THE FIRST.

작자 미상, 〈앤드류 왕 1세〉, 연도 미상. 잭슨은 한 손에 왕권을 상징하는 지팡이인 셉터를 들고 있고 다른 한 손에는 대통령 고유의 권한인 거부권을 들고 있다. 찢긴 미국 연방헌법을 밟고 서 있는 모습으로, 헌법을 준수하지 않고 대통령 권한을 남용하는 사람으로 묘사되어 있다.

  잭슨은 최초의 민주당 출신 대통령이기도 하다. 1828년에 창당된 민주당의 기원은 제퍼슨의 공화주의까지 거슬러 올라가는데, 오늘날 전 세계적으로 가장 오래된 정당으로 알려져 있다. 정부의 규모를 최소화하고, 각 주의 독립성을 보장하며, 농업을 산업의 근간으로 삼았다. 잭슨은 농민과 노동자를 비롯한 평민을 정치 세력의 근간으로 삼았고, 이후 민주당은 복지국가를 지향하면서 정부의 시장 간섭을 통한 경제적 평등을 강조하고 이민에 온건한 정책을 취했다.

잭슨은 미국 역사상 최초의 암살 시도가 있었던 대통령이기도 하다. 1835년 1월 30일, 국회의사당 장례식에서 총으로 그를 암살하려는 시도가 있었다. 암살 시도자는 리처드 로렌스 Richard Lawrence라는 화가였는데, 그가 쏜 두 발은 모두 불발이었다.

기록에 따르면, 화가 난 잭슨이 지팡이를 들고 쫓아가 그를 때리려고 했다. 재판에 넘겨진 로렌스는 절차의 정당성을 거부하고 폭언을 퍼부었다. 결국 그는 정신이상의 이유로 무죄로 풀려난 후 여러 기관과 병원을 전전했다.

인종차별주의자 앤드류 잭슨

1832년 대통령 선거에서 잭슨은 재임에 성공했다. 그의 재임 동안 중요한 정치 이슈는 미합중국 제2은행 승인이었다. 미합중국 제2은행은 1817년 1월에 의회로부터 공인된 은행으로 1817년 2월부터 1836년 1월까지 20년이 승인 기간이었다.

잭슨은 특정 단일 은행에 권한과 책임을 부여하는 게 인플레이션과 도덕적 해이의 원인이 된다고 믿었다. 1832년에 인가 연장 요청을 거부하고, 1833년에 미합중국 제2은행에 정부 자금 예탁을 해지했다. 이를 계기로 잭슨은 '킹 앤드류King Andrew'라는 별명을 얻었고, 왕처럼 군림하는 군주로 묘사되기도 했다.

　　잭슨은 재산권이 기준이 아닌 모든 백인 남성에게 참정권을 확대함으로써 미국 사회에서 민주주의가 확산되는 데 중요한 역할을 담당했다. 전임 대통령들과 달리 잭슨은 자신의 의지와 노력으로 바닥부터 시작해 최고의 권력에 도달한 사람이었다. 자신의 정치 기반을 만들고자 어느 역대 대통령보다 당대 사람이나 사회적 분위기와 소통하는 데 관심이 많았다. 대중을 설득하고 위기를 타개하는 리더십 역시 많은 사람으로부터 긍정적으로 평가받고 있다.

　　그러나 잭슨의 재임 동안 치명적인 유행성 전염병이 미국 사회를 휩쓸었고, 이를 효과적으로 통제하기 위한 연방정부의 노력은 거의 찾아볼 수 없다.

　　유행성 콜레라가 만연하면서 반이민주의 정서가 확산되었는데, 잭슨에게 이민자보다 더 열등한 존재는 아프리카 원주민과 아메리카 원주민이었다. 철저한 인종차별주의자였던 그에게 유행성 전염병을 통제하는 것보다 더 중요한 건 미국 사회에서 아메리카 원주민을 몰아내는 것이었다.

지독한 인종차별주의자가
남긴 유산

1620년 영국을 떠나 매사추세츠 플리머스 식민지에 도착한 식민지인들은 첫해에 매우 심각한 어려움을 경험했다. 당시 기록에 따르면, 총 102명이 도착했는데 이 가운데 절반 이상이 사망했다.

추위와 굶주림으로 어려움에 직면한 식민지인들은 아메리카 원주민인 왐파노아그족의 도움으로 생존할 수 있었다. 다음 해인 1621년에 식민지인들은 수확한 곡물로 음식을 만들어 왐파노아그족을 초대해 수확한 곡물로 음식을 만들어 먹었다. 일반적으로 알려진 최초의 추수감사절로서 식민지인과 아메리카

제니 오거스타 브라운스컴Jennie Augusta Brownscombe, 〈플리머스에서의 첫 번째 추수감사절〉, 1914년. 플리머스에서 최초의 수확을 마친 후 식민지인과 아메리카 원주민이 함께 식사하는 장면을 묘사하고 있다.

원주민의 우호적인 관계를 보여준다.

그러나 식민지인과 아메리카 원주민의 관계는 우호적인 모습만 존재하지 않았다. 이들 사이의 적대적인 관계는 이미 16세기 초, 유럽인이 아메리카로 이동한 직후부터 나타났다.

1589년 오늘날 뉴멕시코에 살고 있던 아메리카 원주민 푸에블로족은 스페인의 식민지화에 저항했다. 근대식 무기로 무장한 스페인군은 3일 동안의 전쟁 후 수백 명에 달하는 푸에블로족을 처형했다. 한 기록에 따르면, 생존자 중 25세 이상의 남성은 모두 오른발을 절단했고 부족 전원을 노예로 삼았다.

1634년에서 1638년까지 4년 동안 발생한 피쿼트 전쟁은 오늘날 미국 코네티컷주에 거주하던 아메리카 원주민인 피쿼트족과 뉴잉글랜드 식민지인 사이에서 발발했다. 당시 코네티컷 계곡을 둘러싸고 네덜란드 동인도회사와 플리머스 식민지 사이에서 분쟁이 발생했다.

플리머스 식민지인들은 네덜란드인들을 축출하고 그 지역을 차지하려고 했다. 플리머스 식민지의 개입을 위협으로 간주한 피쿼트족과 당시 피쿼트족과 사이가 좋지 않았던 모히칸족이 식민지 편을 들면서 전쟁이 시작되었다.

30여 명의 식민지인이 사망했던 반면 피쿼트족은 300명 이상이 사망했고, 이후 뉴잉글랜드 식민지는 조약을 체결해 연합을 결성했다.

미국이 탄생한 이후에도 영토를 둘러싸고 아메리카 원주민과의 갈등은 끊이지 않았다. 결국 1789년에 의회가 아메리카 원주민의 동의 없이 영토를 확보하지 않기로 결정했지만, 개척 농민과 상인들은 의회의 결정을 무시했다.

워싱턴은 오하이오주 북서부 지역에 민병대를 보내 아메리카 원주민을 격파했고, 제퍼슨은 루이지애나 매입으로 얻은 영토에서 아메리카 원주민을 추방하고자 했다. 이 과정에서 잘 알려진 게 바로 '테쿰세의 저주'다.

테쿰세Tecumseh는 오하이오주나 웨스트버지니아주 등지에 거주하던 아메리카 원주민인 쇼니족의 추장이었다. 그의 아버지는 식민지인과 맞서 싸운 전사였는데 사망하면서 아들들에게 죽을 때까지 백인과 타협하지 말 걸 당부했다.

여러 전투에서 명성을 떨친 테쿰세는 크리크족이나 체로키족 등과 결합해 식민지인의 공격에 저항했다. 그는 모든 땅은 부족의 공동 소유이며, 어느 특정 부족으로부터 땅을 사거나 빼앗을 수 없다고 주장했다. 1812년 미국에 저항하면서 반란을 일으켰지만 전사했다.

그의 죽음과 관련해 20년 주기로 당선되는 미국 대통령이 임기를 마치지 못하고 사망하는 징크스를 '테쿰세의 저주'라고 부른다. 1980년에 당선된 로널드 레이건Ronald Reagan 대통령 이후로는 별다른 연관성이 없다.

잭슨은 세미놀 전쟁을 통해 영웅으로 부상했지만, 이 전쟁은 그에게 인종차별주의자라는 오명을 안겨줬다. 세미놀 전쟁은 플로리다 전쟁으로도 알려져 있는데, 1차 전쟁은 1817년부터 1818년까지, 2차 전쟁은 1835년부터 1842년까지, 그리고 마지막 전쟁은 1855년부터 1858년까지 계속되었다.

미국 독립전쟁부터 베트남전쟁까지 미국이 개입한 전쟁들 가운데 가장 오랫동안 지속된 전쟁이었다.

세미놀 전쟁과 아메리카 원주민

15세기 말, 유럽인이 천연두나 홍역 등의 유행성 전염병과 함께 아메리카로 이주하면서 아메리카 원주민 수가 급격하게 감소했다. 한 통계에 따르면, 이탈리아 탐험가 콜럼버스가 아메리카에 도착한 이후 1세기가 채 지나지 않아 아메리카 원주민의 90% 이상이 절멸했다.

북아메리카에는 다섯 개의 문명화된 아메리카 원주민이 존재했는데, 세미놀족과 체로키족, 촉토족, 치카소족, 그리고 크리크족이다.

세미놀족은 원래 플로리다주에 거주하고 있던 아메리카 원주민으로 독립전쟁 기간 동안 영국군에 징집되어 전쟁에 참전했다. 독립전쟁 이후 플로리다는 스페인에 반환되었지만, 스페인은 플로리다를 제대로 관리하지 않아 세미놀족이 플로리다를 통치할 수 있었다.

1763년에 영국은 플로리다를 동과 서로 분할했고 스페인은 그대로 수용했다. 서플로리다가 미시시피강까지 뻗어 있어 당시 미시시피강을 이용해 자유로운 교역을 원했던 미국은 플로리다를 얻고자 했다.

1803년의 루이지애나 매입으로 미시시피강 일부가 미국의 영토가 되었지만, 여전히 스페인과의 영토 분쟁이 존재했다.

스페인과 동맹 관계를 맺고 있던 세미놀족은 미국을 공격했고, 미국은 많은 군대를 동원해 아라추아 대평원에 살고 있는 세미놀족을 추방하고 수천 마리의 들소를 죽였다.

1812년에 미국은 영국과 전쟁을 벌였는데, 이 전쟁에서 영국은 아메리카 원주민과 동맹을 결성했다. 여기에는 세미놀족과 크리크족도 포함되어 있었다. 전쟁이 미국의 승리로 끝나고 영국 해군은 플로리다를 떠났는데, 그 지역을 도망노예가 점령해 요새를 수립했다.

이 요새는 당시 미국 남부에 거주하는 백인들에게 매우 위협적이었기 때문에 잭슨은 요새를 없애야 한다고 주장했다. 요새가 스페인령이라는 문제가 있었지만, 미국은 요새를 공격해 파괴했다. 그러나 무법자들이 세미놀족을 습격해 원주민을 죽이고 가축을 훔치자 세미놀족도 백인에게 보복을 가했다.

플로리다주 경계에 세워진 스콧 요새에서 동쪽으로 약 24km 떨어진 곳에 위치한 파울 타운에는 마카즈키족이 거주하고 있었다. 이들은 토지에 대한 권리를 주장했기 때문에 스콧 요새와 갈등이 발생했다. 결국 파울 타운 공격이 시작되었고, 제1차 세미놀 전쟁으로 이어졌다.

1818년 3월 잭슨은 스콧 요새에 군대를 집결시키고 스페인 요새를 점령했다. 40여 명의 아메리카 원주민을 학살하고 100여 명을 노예로 삼았다. 결국 잭슨이 도착했을 때 서플로리다 총독은 그에게 요새를 넘겨주고 말았다.

잭슨의 이와 같은 행동은 엄청난 논란을 초래했다. 국무장관이었던 애덤스는 플로리다를 인수하고자 스페인과 협상을 시작했지만, 스페인은 서플로리다 침입과 점령에 항의하면서 협상을 중단했다.

그렇지만 스페인은 별다른 힘이 없었다. 결국 서플로리다 침공에 관한 사과를 받고 플로리다는 미국에 합병되었다. 그러나 이 과정에서 영국 대리인을 마음대로 처형한 건 그의 명성에 엄청난 오점으로 남았다.

잭슨은 제1차 세미놀 전쟁에서 세미놀족과 크리크족에 대항한 전쟁을 수행하고, 스페인령 플로리다가 도망노예의 거점이 되는 걸 막는 역할을 부여받았다.

그에게 주어진 역할은 플로리다에서의 분쟁을 막는 것이었지만, 실제로는 제임스 먼로^{James Monroe} 대통령에게 어떤 수단을 동원하든 상관하지 말고 플로리다를 미국이 소유해야 한다고 주장했다.

이를 위해 그는 세미놀족을 대량으로 학살했다. 여성과 아이들을 죽이고 집과 토지를 불태웠다. 그의 잔인하고 냉혹한 모습은 많은 세미놀족에게 분노를 불러일으켰다.

잭슨과 '명백한 운명'

세미놀족에 대한 잭슨의 태도는 당시 미국 사회에 만연했던 '명백한 운명Manifest Destiny'을 바탕으로 하고 있다. '명백한 운명'이란 서부로 영토를 확대하던 시기에 미국의 팽창주의를 보여주는 것으로, 미국인은 하늘이 내려준 사명을 띠고 기독교와 민주정치를 확산하고자 세력을 적극적으로 확대해야 한다는 주장이다.

이미 19세기 초, 미국은 프랑스로부터 루이지애나를 매입해 영토를 확대했고 서부의 멕시코 영토와 텍사스까지 합병했다. 넓은 영토을 향한 욕망을 종교적, 도덕적으로 포장한 것으로 이를 위해 수많은 아메리카 원주민이 희생되었다. 인종차별주의도 중요한 역할을 담당했다.

잭슨은 아메리카 원주민을 열등한 인종으로 간주했다. 철저한 인종차별주의자였던 그는 대통령이 된 이후 '아메리카 원주민 이주법'을 통과시켰다. 1830년 5월 28일에 잭슨이 서명한 법으로 남부에서 특히 강력한 지지를 얻었다.

당시 조지아주는 체로키족과 영토를 둘러싼 사법 논쟁이 끊이지 않았는데, 잭슨은 아메리카 원주민을 강제 이주시킴으로써 위기를 해결하고자 했다. 결국 이 법에 따라 수많은 아메리카 원주민이 원하지 않는 서부 강제 이주를 해야만 했다.

강제 이주의 가장 대표적인 사례는 체로키족의 '눈물의 길'이었다. 체로키족의 '눈물의 길'은 '뉴에코타 협약'을 바탕으로 이뤄진 것인데, 동부의 아메리카 원주민 토지와 미시시피 서부 토지 교환을 주된 내용으로 삼고 있다. 그러나 다수의 체로키족은 이를 찬성하지 않았다.

잭슨은 강제 이주를 명령했고, 군대를 동원해 체로키족 1만 7천 명을 집결시켰다. 다수의 아메리카 원주민이 집결지에서 질병이나 굶주림 등으로 사망했다. 통계에 따르면, '눈물의 길'에서 사망한 사람의 수는 약 4천 명으로 추정된다. '눈물의 길'은 미국 역사상 가장 끔찍한 사건 중 하나로 기록되고 있다.

2009년 12월, 제44대 대통령 버락 오바마^{Barack Obama}는 아메리카 원주민에 대한 미국 정부의 잘못된 정책을 사죄한다는 결의안에 서명했다. 그리고 2010년 5월, 미국 정부는 아메리카 원주민에 대한 폭력 행위와 잘못된 정책을 공식적으로 사과했다. 잭슨의 지독한 인종차별주의가 낳은 유산을 바로잡기 위한 또 하나의 위대한 움직임이었다.

하지만 제45대 대통령 도널드 트럼프^{Donald Trump}는 집무실에 잭슨 초상화를 걸어둘 정도로 그를 존경했다. '21세기의 잭슨'을 꿈꾼 그 역시 백인 우월주의자였다.

한편 잭슨은 참정권 확대로 민주주의의 발전을 추구했다는 점에서 오늘날까지 시사하는 점이 많지만, 인종차별주의자였기 때문에 평등 실현이라는 점에서 매우 낮은 리더십 지수를 보이고 있다.

세미놀 전쟁을 비롯한 영토 확장에는 적극적이었지만, 당시 미국 사회에 치명적인 전염병 통제에는 관심이 없었다. 위기를 대처하는 리더십 역시 극단적인 모습을 보이고 있다.

이러한 점에서 오늘날 잭슨에 대한 부정적인 평가가 확산되면서 20달러 지폐의 주인공이었던 그는 이제 지폐에서 사라질 위기에 처했다.

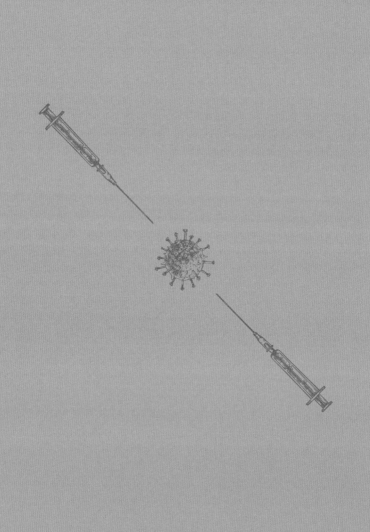

4장

전투 사망자보다 많았던 전염병 사망자

1918년 인플루엔자와 우드로 윌슨

제1차 세계대전에
참전하고 만 미국

"지금 유럽은 화약고이고, 지도자들은 무기고 위에서 담배를 피우고 있다. 작은 불씨 하나가 우리 모두를 집어삼킬 전쟁을 일으킬 것이다. 발칸반도에서 벌어질 일이 그 폭발을 일으킬 것이다."

프로이센 전쟁을 승리로 이끌고 독일 제국 수립에 절대적인 공을 세운 재상 오토 폰 비스마르크^{Otto von Bismarck}의 말이다.

19세기 초, 발칸반도를 오랫동안 지배했던 오스만 제국이 몰락하기 시작했다. 1821년 오스만 제국의 지배를 받았던 그리스가 민족주의를 내세워 독립에 성공했다. 유럽 열강의 지배를 받는 여러 피지배 민족들에게도 독립의 희망과 가능성을 보여주는 사건이었다. 이후 유럽의 여러 지역에서 민족주의가 창궐했는데, 가장 '뜨거운 감자'로 부상한 곳이 바로 오스만 제국이 지배했던 발칸반도다.

러시아는 발칸반도를 차지하고자 범슬라브주의를 주장했다. 주된 내용은 민족주의를 바탕으로 모든 슬라브족이 합쳐 다른 나라의 침략을 막자는 것이었다. 당시 발칸반도의 여러 슬라브족은 독립국가에의 열망을 가지고 있었는데, 발칸반도를 차지하려는 오스트리아-헝가리 제국에 불만이 심했다. 세르비아도 포함되어 있었다.

사라예보 사건

1876년 세르비아와 몬테네그로는 오스만 제국을 상대로 전쟁을 벌였고 러시아는 이들을 지지했다. 이 전쟁에서 러시아 연합군이 승리하면서 산스테파노 조약을 체결했다. 조약의 주된 내용은 불가리아 공국을 수립하고, 이곳에서 오스만 군대가 철수하며, 세르비아와 몬테네그로, 루마니아의 독립을 인정하는 것이었다. 또한 러시아에 아르메니아 일부 지역을 할양하고 보스니아에 자치 정부를 수립하도록 했다.

그렇지만 러시아가 발칸반도를 차지하는 걸 못마땅하게 여긴 유럽 열강은 1878년에 베를린 회의를 개최하고 독일의 중재 하에 산-스테파노 조약 내용을 수정했다. 영국은 키프러스를 할양받았고 보스니아는 오스트리아-헝가리 제국의 관할이 되었다. 불가리아는 다시 오스만 제국의 보호국이 되었다.

세르비아는 독립을 인정받았지만 다른 슬라브족들은 불만이 많을 수밖에 없었다. 독립을 인정받은 세르비아 역시 격렬하게 반대했다. 남슬라브인의 영역을 모두 세르비아가 통치해야 한다고 생각했기 때문이다. 결국 두 차례의 발칸 전쟁으로 세르비아는 영토를 확대했고, 오스트리아-헝가리 제국은 세르비아에 심각한 위기감을 느낄 수밖에 없었다.

당시 오스트리아-헝가리 제국의 황태자 프란츠 페르디난트Franz Ferdinand 대공은 복잡한 민족 문제를 매우 단순한 방식으로 해결하고자 했다. 제국을 구성하는 여러 민족에게 광범위한 주권을 부여하고 독일계나 헝가리계 민족과 동일한 대우를 보장하는 연방제를 구상했다. 독일계와 헝가리계 민족 입장에선 기득권을 포기하는 것이었기 때문에 상당한 반발을 초래했지만, 슬라브족으로부터는 많은 지지를 받았다.

페르디난트의 구상은 세르비아에게 치명적이었다. 자치권을 보장하는 오스트리아-헝가리 제국의 방식에 많은 슬라브족이 우호적이었기 때문이다. 더욱이 오스트리아-헝가리 제국의 황제 프란츠 요제프 1세^{Franz Joseph I}가 고령이어서 황태자가 즉위하고 연방론을 시행하는 건 시간 문제였다.

1914년 6월 28일에 페르디난트 황태자가 보스니아의 수도 사라예보를 방문했다. 이날은 세르비아가 오스만 제국에 정복당한 날이자 제2차 발칸 전쟁에서 오스만 제국에 승리를 거둔 날이기도 했다. 패배와 승리가 함께 존재하는 날로 세르비아인들에게 매우 중요한 날이었다.

당시 세르비아의 비밀결사 단체 '검은 손'은 페르디난트 황태자를 암살하기로 했다. 1, 2차 암살 시도는 실패했지만, 황태자가 일정에 없던 병문안을 가는 바람에 3차 암살 시도에 성공했다. 황태자 부부의 사망 소식은 민족주의와 결합해 오스트리아-헝가리 제국에 충성하던 크로아티아인들을 중심으로 반세르비아 폭동이 일어났다. 상점과 호텔이 파괴되었고 많은 사람이 다치자 비상사태를 선포하고 군대를 동원해야 했다.

오스트리아-헝가리 제국은 모든 반오스트리아-헝가리 제국 단체를 해산하고 암살에 관련된 모든 자를 처벌하며, 이 사건을 조사하는 데 오스트리아-헝가리 관리가 세르비아로 들어갈 수 있도록 허용할 걸 요구했다. 그러나 세르비아는 거부했고, 결국 오스트리아-헝가리 제국이 7월 28일 세르비아에 선전포고하면서 전쟁이 시작되었다.

'총력전'과 새로운 무기

사실 제1차 세계대전의 원인은 훨씬 복잡했다. 19세기 말부터 산업화를 경험한 서유럽의 일부 국가들은 대규모의 상품 생산 및 판매를 위해 원료와 시장을 공급해줄 수 있는 식민지가 필요했다.

산업혁명이 가장 먼저 시작된 영국을 비롯해 프랑스와 러시아 등은 아시아와 아프리카의 여러 지역을 무력으로 지배했다. 결국 제1차 세계대전은 산업화를 경험한 식민 제국과 산업화를 새로 시작한 신흥 국가 사이의 무력 충돌이었던 것이다.

역사학자는 제1차 세계대전을 '총력전'이라고 부른다. 총력전이란 국가가 총력을 기울여 수행하는 전쟁이다. 제1차 세계대전 발발 이후 전쟁 무기와 군사기술이 급속하게 발달하면서 모든 병력의 일체화가 강조되었다. 뿐만 아니라 국민이 군수물자 생산 및 수송에 투입되었으며, 국가가 병영화되었다.

이와 같은 전쟁에서 승리하기 위해선 새롭고 효과적인 전쟁 무기를 만드는 게 매우 중요했다. 독일 화학자 프리츠 하버 Fritz Haber는 독일의 승리를 위해 화약 연료로 사용되는 암모니아 합성 방법을 개발했다.

그는 500℃의 높은 온도와 200기압의 높은 압력에서 수소와 질소 혼합가스를 촉매에 반응시키면 암모니아가 생성된다는 사실을 발견했다. 그 결과, 독일은 저렴한 비용으로 대량의 암모니아를 생산할 수 있게 되었다.

독일에서 암모니아를 생산하는 사이 영국에선 아세톤 생산을 증가시키는 방법을 개발했다. 정제된 섬유소를 강한 황산과 질산의 혼합액에서 처리하면 나이트로셀룰로스가 만들어지는데, 이를 화약 제조에 사용했다.

아세톤은 나이트로셀룰로스를 만드는 데 필요한 용매다. 밤나무나 단풍나무 등의 목재를 밀폐된 용기에 넣고 가열하면 발생하는 증기에서 얻을 수 있다. 아세톤을 대량으로 생산하기 위해선 엄청난 양의 목재가 필요했다.

그러나 제1차 세계대전 당시 영국에선 아세톤을 생산하는 데 필요한 목재를 구하기가 매우 어려웠다. 이스라엘 과학자 하임 바이츠만Chaim Weizmann은 맨체스터 대학에서 합성고무 실험을 하다가 당질에서 아세톤과 부틸알코올을 생성하는 박테리아를 발견했다.

그는 이를 활용해 녹말에서 클로스트리디움 박테리아를 분리시켰다. 이 박테리아는 아세톤과 부틸알코올의 생산량을 증가시키는 역할을 담당한다. 녹말로부터 아세톤과 부틸알코올, 에탄올을 3:6:1의 비율로 생산하는 바이츠만 공정으로 영국은 전쟁에 필요한 화약을 대량으로 생산할 수 있었다.

제1차 세계대전에 사용된 전쟁 무기는 화약뿐만이 아니다. 수류탄 역시 연합국과 동맹국 모두가 사용했던 전쟁 무기다. 독일군은 계란형으로 생긴 '아이어한트그라나테'라는 수류탄을 사용했는데, 주물로 된 철제 몸통 속에 TNT 화약이 들어있다.

이와 더불어 독일군은 '쿠겔그라나테'도 사용했다. 구슬 모양으로 생긴 수류탄으로 주철로 만든 통에 질산칼륨이나 황, 목탄 등이 섞인 흑색화약이 들어있다. 폭발 시 파편이 많이 생길 수 있도록 홈이 많았기 때문에 연합국에선 '파인애플 폭탄'이라고 부르기도 했다.

영국군이 사용한 수류탄은 주철로 만들어진 '밀즈 수류탄'이다. 안전핀과 안전손잡이의 이중 구조를 가지고 있으며, 안전손잡이가 풀리면 신관이 작동해 폭발한다. 폭탄이 표적물에 착탄했을 때 그 충격으로 폭발하는 기존의 수류탄과는 달리 일정 시간이 경과한 뒤에 폭발하도록 만들어진 최초의 수류탄이다.

수류탄 이외에도 제1차 세계대전에 사용했던 전쟁 무기는 잠수함이다. 흔히 'U보트'라 불리는 독일 잠수함은 소리가 나지 않고 급속 잠항 능력이 뛰어났다.

프랑스를 격파한 후 병력을 동부전선으로 집결시켜 러시아를 공격하려던 작전이 실패하고 전쟁이 장기화되자 독일은 영

오스카 코코슈카Oskar Kokoschka, 〈바람의 신부〉, 1913~1914년. 오스트리아 화가 코코슈카 는 제1차 세계대전에 참전해 부상을 입었다. 그는 연인 알마 말러Alma Mahler를 향한 뜨거운 감정을 거칠게 표현했다.

국 해안을 봉쇄했다. 당시 미국은 중립을 선언하면서 유럽의 전쟁에 개입하지 않았다. 하지만 제1차 세계대전 발생 이후 미국이 전쟁에 필요한 군수 물자를 생산하면서 미국과 연합국 사이의 교역은 네 배 이상 증가했고, 이는 미국의 친영 경향을 잘 보여주는 것이었다.

결국 1915년 5월에 독일 잠수함이 영국의 대형 여객선인 루시타니아호를 격침해 124명의 미국인이 사망하는 사건이 일어났다. 또한 1917년 2월부터 독일은 독일의 봉쇄 구역 안에

들어오는 모든 선박을 공격할 거라는 무제한 잠수함 작전을 선언했는데, 같은 해 3월에 미국 상선 네 척이 무제한 잠수함 작전으로 격파되었다.

이와 같은 분위기 속에서 미국의 참전을 막고자 멕시코가 미국에 빼앗긴 영토를 되찾는 전쟁을 벌이면 독일이 돕겠다는 내용의 전보가 공개되면서 1917년 4월 미국은 제1차 세계대전에 참전한다.

그러나 미국이 프랑스의 서부전선으로 병력을 보낸 건 1918년 5월이 되어서였다. 서부전선은 독일군과 영국-프랑스 연합군 사이에 형성된 전선이다. 독일과 러시아 사이에 형성된 동부전선에서 독일은 우위를 점했지만, 서부전선에선 상황이 매우 어려웠다.

제1차 세계대전 동안 가장 많은 사상자가 발생한 베르됭전투와 이프르전투, 솜전투는 모두 서부전선에서 벌어졌다. 베르됭전투에서 독일군은 약 50만 명의 병력을 잃었고, 이프르전투에선 22만여 명이 희생되었다. 그야말로 인류 역사상 가장 치열한 '대전쟁'Great War'이었다.

1918년 인플루엔자,
발생하고 확산되다

1918년 3월 미국 캔자스주에 위치한 펀스턴 병영에서 계절성 독감과 유사한 전염병이 발생했다. 당시 많은 병사가 38℃ 이상의 고열, 통증, 무기력함 등을 호소했다. 다수의 병사는 2~3일 정도 앓다가 회복했기에 당시 병영에서 이 질병을 '삼일열三日熱'이라고 불렀다.

그러나 전염병에 걸린 병사 가운데 폐렴 환자가 발생하고 사망자 수가 급증하면서 전염병의 치명성은 심각해졌다. 한 통계에 따르면, 1918년 3월 한 달 동안 펀스턴 병영 내에서 발생한 폐렴 환자 가운데 약 20%가 사망했다.

이 시기에 계절성 독감은 병영이나 훈련소에서 항상 발생하는 일상적인 질병이었다. 그래서 폐렴을 동반한 인플루엔자가 발생했을 때 심각한 전염병으로 인식하는 의사는 거의 없었다. 전염병의 확산을 통제하고자 취한 조치도 없었다. 환자들은 격리되지도 않았고 건강한 병사들과 함께 생활했다.

당시 연방정부의 가장 중요한 사안은 서부전선으로 병력과 보급품을 보내는 것이었기에, 1918년 봄에 발생한 인플루엔자는 연방정부와 대다수 미국인에게 별다른 관심의 대상이 아니었다.

1918년 봄에 미국에서 발생한 전염병은 한 달 이내에 유럽으로 확산되었다. 4월에는 유럽에서도 인플루엔자가 발생했는데, 프랑스의 서부전선을 중심으로 프랑스군과 영국군, 그리고 파견된 미군과 일반 시민까지 감염되었다.

당시 유럽에서 유일하게 제1차 세계대전에 참전하지 않은 국가는 스페인이었는데, 스페인 언론은 인플루엔자에 대해 활발하게 보도했다.

이후 많은 사람이 이 전염병을 '스페인 독감'이라 불렀지만, 사실 스페인에서 시작된 것도 아니고 스페인에 치명적인 영향을 미치지도 않았다. 그래서 최근 일부 역사학자들은 이 전염병을 '스페인 독감' 대신 '1918년 인플루엔자'로 불러야 한다고 주장한다.

여름이 되자 1918년 인플루엔자는 갑자기 사라졌고, 이에 관심을 가지는 사람은 아무도 없었다. 그렇지만 가을에 다시 발생하면서 이전과 전혀 다른 현상이 나타났다.

1918년 8월 말에 1918년 인플루엔자가 발생했는데, 전염병이 확산되는 데 몇 시간이 채 걸리지 않았다. 환자 가운데 10% 이상이 폐렴 환자였고, 이들 가운데 70~80%가 이틀 이내에 사망했다. 그야말로 치명적이었다.

1918년 봄에 인플루엔자가 처음 발생한 곳이 병영이었던 것처럼 가을에도 병영에서 다시 전염병이 발생했다. 대규모의 병력 소집과 인구 이동 때문이었다.

당시 미국에선 제1차 세계대전에 참전하고자 병력을 소집했는데, 징집 대상이 18세~45세 사이의 남성으로 확대되면서 수많은 사람이 입대했다. 한 기록에 따르면, 1918년 한 해 동안 자발적으로 등록한 신병이 2,400만 명 이상이었다.

전쟁으로 인한 병력 소집이 확대되면서 1918년 인플루엔자는 군대를 중심으로 급속하게 확산되었다. 군대에서 인구 과잉은 일반적인 현상이었다. 미국 전역에 걸쳐 징집된 수십만 명의 신병들은 각 주의 훈련소나 병영으로 이동해 유럽의 전쟁터로 파견되기 위한 기초 훈련을 받았다.

당시 유럽에선 끊임없는 병력 자원 요청이 있었고, 많은 사람은 미국의 참전이 전쟁을 종결하는 데 결정적인 역할을 할 거라고 생각했다. 전염병의 발생과 확산에도 불구하고 병사들의 훈련은 계속 진행할 수밖에 없었다.

매사추세츠주에 위치한 데븐스 병영은 1918년 인플루엔자 피해가 가장 심각한 곳이었다. 이 병영에선 제12사단과 제76사단이 함께 훈련을 받고 있었는데, 제12사단은 미국의 참전 이후 첫 승리를 거둘 생미엘전투에 투입될 예정이었다. 다른 어느 지역보다 데븐스 병영으로의 인구 이동과 과잉이 심각했다. 전염병이 발생하고 확산되는 데 최적의 조건이었다.

1918년 9월 2일, 인플루엔자가 다시 발생했다. 이 날 하루에만 31명의 병사가 병원을 방문했는데, 2주 후 병원을 찾은 병사의 수는 약 1,200명으로 거의 40배 이상 증가했다. 의무감은 1918년 인플루엔자의 발생 원인을 밝혀야만 했다.

이를 위해 당시 미국에서 가장 뛰어난 의사인 윌리엄 웰치 William Welch를 비롯해 수십 명의 조사단을 파견했다. 이들이 도착했을 때 1918년 인플루엔자 환자 수는 1만 2천 명이었고, 하루 사망자 수만 90명 이상이었다. 그렇지만 조사단은 아무것도 밝히지 못했다. 전염병의 원인도, 치료법도 알 수 없었다.

1918년 인플루엔자로 사망자 수가 급증하면서 육군은 전염병의 통제 조치를 마련해야만 했다. 이를 위해 가장 먼저 시행한 건 병영 내 수용 인구 축소였다. 인구 과잉이 전염병 확산에 가장 치명적인 요소였기 때문이다.

데븐스 병영에서 수용 가능한 인구는 약 3만 5천 명이었지만, 1918년 한 해 동안 파견된 신병 수만 5만 명 이상이었다. 웰치는 병력을 1만 명 이하로 줄여야 한다고 권고했다.

그러나 조치는 제대로 시행되지 못했다. 유럽 파병은 국가적으로 매우 중요한 사안이었고, 미국 전역에서 전쟁 승리를 기원하는 사회적 분위기가 확산되었기 때문이다. 당시 미국 사회에서 전쟁 승리는 치명적인 전염병으로부터 병사를 보호하는 것보다 더 우선하는 과제였던 것이다.

의무감에선 1918년 인플루엔자가 매우 심각한 위협이라고 강조하면서 완전히 사라질 때까지 유럽 파병 금지와 신병 모집 취소를 요청했다. 결국 1918년 10월 한 달 동안 신병 모집과 훈련이 금지되었다.

1918년 인플루엔자의 사회 확산

1918년 인플루엔자는 시민 사회에도 치명적인 영향을 미쳤는데, 당시 전염병의 원인이 명확하게 규명되지 않았기 때문에 효과적인 치료법 또한 부재했다.

이러한 상황 속에서 유행성 전염병에 대처하기 위한 통제 전략의 하나로 마스크 착용이 등장했다. 1918년 인플루엔자가 유행했을 때 다수의 의사, 간호사는 마스크를 착용했고 시민들에게도 전염병 확산을 예방하고자 마스크 착용을 권고했다.

1918년 9월에 미국 공중보건국United States Public Health Service은 시민을 대상으로 거즈로 만든 마스크를 배포했다. 주, 지역 보건국에서도 마스크 착용 이후 전염병 환자가 감소했다는 사실을 강조했다. 이와 같은 사회적 분위기 속에서 마스크 착용은 1918년 인플루엔자를 효과적으로 통제할 수 있는 새로운 수단으로 부상했다.

다수의 시민들은 마스크 착용이 1918년 인플루엔자를 예방하고 통제하는 데 도움이 된다고 생각했다. 그렇지만 자발적으로 마스크를 착용하려는 시민은 많지 않았다. 대화나 식사 등을 할 때 마스크 착용은 상당히 번거로웠기 때문이다. 마스크를 착용한 채 거리를 다니는 모습 또한 시민들에게 공포심을 불러일으키기도 했다.

자발적으로 마스크를 착용하려는 사람이 적다 보니 결국 공권력을 동원해 마스크 착용을 강제해야 했다. 1918년 인플루엔자를 예방하기 위한 마스크 착용을 둘러싼 논란과 갈등은 미국의 여러 지역에서 발생했지만, 논란의 열기는 샌프란시스코에서 가장 뜨거웠다. 한 통계에 따르면, 1918년 10월 샌프란

에드바르트 뭉크Edvard Munch, 〈1918년 인플루엔자 후 자화상〉, 1919년. 생과 죽음, 인간
존재의 근원에 관심이 많았던 노르웨이 화가 뭉크는 〈절규〉로 대중에게 잘 알려져 있다.
그는 1918년 인플루엔자에 걸렸고, 회복된 이후 이 자화상을 그렸다.

시스코 전체 시민의 99%가 마스크를 착용했다. 당시 샌프란시
스코 보건국장은 마스크를 제대로 착용하기만 하면 1918년 인
플루엔자를 일주일 이내에 통제할 수 있다고 믿었다.

샌프란시스코 적십자 지부에선 시민들에게 마스크를 무료로 배포했다. 여러 신문에선 마스크 착용만이 치명적인 유행성 전염병으로부터 목숨을 구할 수 있다는 기사와 진정한 애국자라면 마스크를 착용할 거라는 기사를 보도했다. 전염병이라는 사회적, 국가적 위기의 극복에서 가장 중요한 건 마스크 착용을 통한 예방이라는 사실을 강조했다. 그렇지만 마스크 착용을 둘러싼 불편함과 효과성 논란도 지속적으로 제기되었다.

1918년 10월 23일, 샌프란시스코에선 '마스크 착용 조례'를 통과시켰다. 마스크 착용을 강제화하는 법안으로 집안을 제외하고 공공장소에 출입하거나 거리를 지날 때 반드시 마스크를 착용해야 한다고 규정했다. 마스크는 반드시 입과 코를 덮어야 하고 상인도 늘 마스크를 착용하도록 했다.

'마스크 착용 조례'의 제정에 따라 마스크 착용은 상당한 법적 구속력과 강제력을 갖게 되었다. 마스크를 착용하지 않은 게 적발되면, 벌금 20달러를 내거나 20일간 구류에 처해졌다.

'마스크 착용 조례'가 시행된 이후 샌프란시스코에서 1918년 인플루엔자 환자 발생 수 및 사망자 수는 감소하기 시작했다. 많은 의사와 보건국에선 마스크 덕분이라고 강조했다.

그러나 마스크 착용을 둘러싼 시민의 불평과 불만은 지속적으로 제기되었고, 마스크 착용의 주체가 개인이라는 점을 강조하면서 이 조례가 수정조항 제5조에 위배한다는 주장도 나왔다.

그렇지만 치명적인 전염병의 원인이 명확하게 규명되지 않은 당시 사회적 분위기 속에서 마스크 착용은 미국 시민의 의무이자 애국심을 보여주는 또 다른 수단이었다.

미군과 함께 대서양을 건넌
1918년 인플루엔자

제1차 세계대전 기간 동안 유럽 전쟁터로 파견된 미군은 해외 파견군American Expeditionary Force이었다. 이를 처음 계획한 사람은 당시 대통령이었던 우드로 윌슨Woodrow Wilson이다. 그는 원활한 전쟁 수행을 위해 훈련된 병력을 유럽 전쟁터에 파견하고자 해외파견군을 설립했다.

 1917년 10월 말, 최초의 해외파견군이 유럽으로 파병되었다. 미국 전역에서 징집된 병사들은 뉴욕이나 샌프란시스코 항구에서 수송선을 타고 대서양을 건너 유럽 전쟁터에 도착했는데, 1918년 인플루엔자 역시 이들과 함께 이동했다.

당시 가장 많은 병력을 수송한 선박은 리바이어던호였다. 리바이어던은 『구약성경』 「욥기」 41장에 등장하는 괴물이다. 인간의 힘을 넘어서는 강력한 괴물로 거대한 창조물을 비유할 때 사용한다.

유럽은 미국에 끊임없이 병력을 요청했고, 미국에서 파병한 병력은 매달 25만 명 이상이었다. 그야말로 수많은 병력을 수송하는 거대한 선박에 걸맞은 이름이었다.

리바이어던호와 1918년 인플루엔자

리바이어던호를 타고 대서양을 건너 유럽으로 이동하는 도중 1918년 인플루엔자는 치명적인 영향을 미쳤다. 당시 1918년 인플루엔자의 확산 및 사망자 증가를 통제하고자 여러 가지 조치를 권고했다.

리바이어던호 내 병실 확장이나 최대 탑승 인원을 절반 이하로 줄이고 가능한 한 항해를 연기하는 등 여러 가지 조치를 제안했다. 이미 공중보건국에선 치명적인 전염병을 예방하고 통제하고자 선박을 격리하라는 명령을 내리기도 했다.

이와 더불어 유럽으로 향하는 선박의 탑승자들을 의무적으로 격리했다. 항해 도중 1918년 인플루엔자 환자가 발생하는

살바도르 달리^{Salvador Dali}, 〈리바이어던〉, 1967년. 스페인의 초현실주의 화가 달리는 무의식을 그림으로 표현하고자 했다. 그림 속에서 나타나는 충돌과 부조화는 많은 사람으로부터 관심을 받았는데, 이 작품 역시 리바이어던이 가지는 종교적 의미를 환각 상태로 표현한 것으로 볼 수 있다.

경우, 선박을 구류하도록 했다.

그러나 이러한 조치는 제대로 시행되지 못했다. 격리 조치의 시행은 병력과 보급품의 지연을 초래했기 때문이다. 결국 정원을 10% 정도 감소하는 것 외에 별다른 조치는 없었다.

유럽의 전쟁터로 향하는 리바이어던호에서 항해 기간 동안 발생한 1918년 인플루엔자 환자 수는 약 4천 명이었다. 전체 탑승객의 약 15%에 달하는 수치였다. 사망자는 200명 이상이었다. 항해 도중에 발생한 전염병이었기 때문에 외부의 도움은 전혀 받을 수 없었다.

리바이어던호처럼 대규모의 선박에도 1918년 인플루엔자 환자를 제대로 돌보거나 치료할 수 있는 의사와 간호사가 충분하지 않았다. 무엇보다도 병력을 수송하는 선박이었기 때문에 전염병 환자를 격리하고 간호할 수 있는 공간이 충분하지 않았다. 건강한 병사들조차 치명적인 전염병에 아무런 대책 없이 노출될 수밖에 없었다.

1918년 인플루엔자가 확산되면서 해외파견군 사이에서 두려움과 공포가 증가했다. 1918년 인플루엔자의 주된 징후는 묽은 피와 거품이 섞인 체액의 출혈이었다.

피바다가 된 객실은 건강한 사람들에게조차 공포심을 유발했다. 온종일 환자들의 신음과 비명이 끊이지 않았고, 한 기록에 따르면 진정한 지옥이었다. 유럽에 도착하기 전까지 누구도 벗어날 수 없었다.

리바이어던호에서 1918년 인플루엔자를 통제하기 위한 조치가 전혀 없었던 건 아니다. 치명적인 전염병의 발생을 통제하고자 탑승 전 모든 병사에 전염병 검사를 시행했지만, 당시 검사는 과학적인 방법으로 진행되지 않았다. 단지 병사의 체온을 측정하고 목을 검사하고 1918년 인플루엔자 환자로 의심되는 병사는 탑승시키지 않는 게 최선이었다.

해외파견군과 1918년 인플루엔자

1918년 10월 17일 리바이어던호는 프랑스의 브레스트항에 도착했다. 10월은 1918년 인플루엔자가 가장 심각했던 시기였다. 치명적인 전염병과 함께 대서양을 항해한 해외파견군은 서부전선에 투입되어 생미엘전투에서 첫 승리를 거뒀다.

그렇지만 전투는 계획대로 진행되지 못했다. 독일군이라는 적보다 1918년 인플루엔자라는 전염병이 더욱 치명적인 영향을 미쳤기 때문이다.

오랜 항해를 거쳐 유럽 전쟁터에 도착한 해외파견군 사이에서 1918년 인플루엔자는 더욱 급속하게 확산되었다. 많은 병사가 함께 생활하는 병영은 전염병 확산에 더없이 좋은 환경이었다. 오랜 항해로 대부분의 병사가 지쳐 있었고, 전염병에 면역력을 가진 사람은 거의 없었다.

통계에 따르면, 1918년 10월 초에 해외파견군에서 발생한 1918년 인플루엔자 환자 수는 1만 6천 명 이상이었다. 전염병 때문에 독일군과 전투를 벌이는 게 힘들어졌다. 전염병이 확산되면서 추가 병력과 보급품, 의료 물자 요청 역시 증가할 수밖에 없었다.

1918년 10월 말에는 전염병이 서부전선에 주둔하는 모든 군대에 확산되었다. 1918년 9월 26일, 해외파견군을 중심으로 연합군은 뫼즈-아르곤에서 마지막 공세를 펼쳤다.

당시 독일 제5군 45만 명의 병력과 대치했는데, 여기에서 전투 사상자는 약 90명이었다. 반면 1918년 인플루엔자 사망자는 450명 정도로 다섯 배 이상 많았다. 후방으로 이송된 환자들은 대부분 1918년 인플루엔자로 사망했다. 전투 사망자보다 전염병 사망자가 훨씬 많았던 것이다.

전염병보다 전쟁 승리가 중요했던
우드로 윌슨

미국의 제28대 대통령 우드로 윌슨은 정치학자였다. 당시 미국 사회에는 엽관주의Spoils system가 만연했다. 엽관주의는 정당에 대한 충성심이나 기여도에 따라 공직자를 임명하는 제도를 의미한다.

미국에선 제3대 대통령 토머스 제퍼슨이 부분적인 엽관주의를 시작했고, 제5대 대통령 제임스 먼로가 입법화했다. 그리고 제7대 대통령 앤드류 잭슨이 적극적으로 활용했다.

잭슨이 엽관제도를 적극적으로 활용한 건 기존의 정치 구조가 지닌 한계를 극복하기 위해서였다. 잭슨 이전의 관료제도는 지역이나 학력, 재산 등 파벌주의를 중심으로 시행되었고, 상류층의 의사가 다수 반영되었다. 이와 대조적으로 선거로 정권을 획득한 정당이 국민의 의사를 더 잘 반영할 수 있는 합리적이고 타당한 관료제를 운영한다는 전제에서 엽관제를 시행하게 된 것이다. 실제로 잭슨 시대에는 엽관제로 서부 개척민이나 중하류층이 중앙 권력에 진입하는 기회를 얻을 수 있었다.

그렇지만 미국의 영토가 팽창하고 업무가 확대되면서 엽관제는 한계에 봉착했다. 전문성이 결여된다는 점이 가장 큰 문제였다. 결국 19세기 중반부터 엽관제의 한계를 극복하기 위한 노력이 나타났다. 1881년 제임스 A. 가필드^{James A. Garfield} 대통령이 부패한 파벌에 관직을 주지 않았다는 이유로 암살되면서 엽관제의 문제점은 더욱 명백하게 드러났다.

우드로 윌슨의 노력

윌슨은 엽관제의 문제점을 극복하고자 행정을 정치에서 분리해야 한다고 주장했다. 이를 계기로 행정학은 독립된 학문으로 발전했다. 당시 윌슨은 행정을 '경영'의 영역으로 간주하면서 '행정관리설'이라는 독자적인 이름으로 명명했다. 이러한 점에서 오늘날 학계에선 행정학이 윌슨으로부터 시작되었다고 평가하고 있다.

정치학자로 명성을 얻은 윌슨은 민주당에 가입해 1910년 뉴저지주 주지사로 재직했고 1912년 대통령 선거에서 대통령 후보로 지명되었다. 당시 공화당에선 2선 대통령이었던 시어도어 루즈벨트가 3선 불출마 선언을 번복하면서 진보당을 창당해 대통령 후보로 나섰다. 공화당의 분열 속에서 윌슨은 전체 선거인단 531명 가운데 435인의 지지와 전체 투표의 약 42%를 얻어 대통령으로 당선되었다.

대통령으로서 윌슨의 업적은 외교 관계를 중심으로 살펴볼 필요가 있다. 윌슨의 리더십이 국제 관계라는 항목에서 상당히 긍정적인 평가를 받고 있기 때문이다. 윌슨의 외교 관계는 기존 공화당의 외교 정책과 크게 다르지 않았다.

미국 패권주의를 기반으로 삼고 있었는데, 일반적으로 패권주의는 권력을 이용해 세계를 지배하는 정책을 의미한다. 또 다른 의미의 제국주의인 셈이다.

"우리는 영국의 4천만 인구를 피비린내 나는 내란으로부터 지키고 과잉 인구를 수용하기 위해 새로운 영토를 개척해야만 한다. 당신이 내란을 피하려 한다면 당신은 제국주의자가 되어야 한다. 나는 우리가 세계에서 가장 우수한 인종이며, 따라서 우리가 세계에 많이 거주할수록 인류에 좋다고 주장한다."

영국 정치인이자 케이프 식민지 총리였던 세실 존 로즈^{Cecil}
John Rhodes의 말이다. 19세기 말부터 20세기 초까지 전 세계를
지배했던 제국주의의 본질을 가장 잘 보여준다. 일반적으로 제
국주의란 한 나라의 정치나 경제, 문화적 지배권을 다른 지역
이나 국가로 확대하려는 사상이나 정책을 의미한다.

하버트 스펜서의 사회적 진화론

많은 역사학자는 제국주의가 유럽이 아프로-유라시아의 중심
부로 부상하기 시작하는 15세기 말의 팽창주의와 함께 시작
되었다고 주장한다. 하지만 인류 역사 속에서 제국은 오래 전
부터 존재했다. 따라서 이러한 분석은 유럽중심적 시각이라는
비판을 면치 못하고 있다.

18세기 이후 등장한 제국주의는 산업혁명과 많은 관련성
을 가지고 있다. 산업화로 더 많은 원료와 노동력, 그리고 시장
이 필요해졌다. 그러자 유럽의 일부 국가들은 식민지 확대에
많은 관심을 가지기 시작했고 인종우월주의나 우생학, 서구중
심주의 등을 근거로 아시아나 아프리카의 여러 지역을 열등한
지역으로 간주하면서 식민지로 전락시켰다.

이 가운데 대표적인 사상이 '사회적 진화론Social Darwinism'이

다. 이 사상은 영국 철학자 허버트 스펜서Herbert Spencer가 주장한 것으로 생물진화론의 이론적 틀을 인간 사회에 적용시킨 이론이다. 쉽게 말하자면, 생물계에서 발생하는 적자생존의 법칙이 인간 사회에서도 나타난다는 것이다. 사회적 진화론에 따르면 우수한 자가 열등한 자를 지배한다. 그래서 이 사상은 제국주의의 사상적 이데올로기가 되었다.

스펜서는 단순한 것에서 복잡한 것으로 발전하는 게 진화라고 생각했다. 그는 인간을 문명인과 미개인, 두 가지로 구분했다. 그 구분에 따르면, 유럽인은 문명인이고 비유럽인인 미개인은 유럽인의 유아 수준이다. 그는 인간뿐만 아니라 사회에서도 마찬가지라고 생각했다. 진화의 법칙은 문명에서도 나타난다. 스펜서에 따르면 유럽만이 문명 사회에 도달했고 나머지 지역들은 여전히 미개한 사회에 머물고 있다는 것이다.

> **"문명인의 팔다리가 미개인보다 더 많이 진화했다. 문명인이 보여주는 능력의 범위가 더욱 넓고 다양하다는 점에서 문명인이 미개인보다 더욱 복잡하고 정교한 신경을 가졌다고 추론할 수 있다. 더욱 유력한 증거는 모든 유아에게서 확인할 수 있다. 유럽인 유아들은 하등 인종과 닮은 점을 여러 가지 가지고 있다."**

스펜서가 주장한 건 유럽과 유럽인이 인종적으로, 문명적으로 우월하다는 세계관이었다. 이와 같은 주장은 당시 유럽인들 사이에서 널리 확산되었다. 문명이 발달한 유럽이 미개한 아시아나 아프리카를 식민화하는 건 너무나 당연한 거라고 생각했다.

제국주의를 정당화시킨 또 다른 이론으로는 '백인의 부담Whiteman's Burden'을 들 수 있다. 영국 시인 러디어드 키플링Rudyard Kipling은 『정글북』의 저자로 잘 알려져 있는데, 그는 매우 열렬한 호전주의자이자 팽창주의자였다. 그는 〈런던 타임즈London Times〉에 기고한 시에서 백인의 부담을 강조하며 백인 국가들의 제국주의 정책을 정당화했다.

백인의 짐을 지워라
너희가 낳은 가장 뛰어난 자식을 보내라
너희의 자식에게 유랑의 설움을 맛보게 하라
너희가 정복한 사람들의 요구에 봉사하기 위해

그는 유럽이 동양보다 우월하며, 백인이 미개한 동양인을 계몽해야 한다는 의무감이나 책임감을 가지고 있음을 강조했다. 그의 주장에 따르면, 제국주의는 나쁜 게 아니라 오히려 미개하고 열등한 동양인을 도와주는 것이다.

윌슨의 민족자결주의

20세기 초까지 유럽에 만연했던 제국주의는 미국에도 존재했다. 윌슨은 유럽에는 가급적 개입하지 않는 전통적인 원칙을 고수했지만, 아메리카에는 달랐다.

제국주의 이념을 바탕으로 중아메리카와 남아메리카 여러 국가에 강력한 영향력을 행사했다. 이 지역들은 미국이 통제하고 지배해야 하는 곳이었고, 멕시코 혁명이 발발하자 무력을 동원해 점령하기도 했다. 그야말로 백인의 부담을 바탕으로 하는 제국주의적 행동이라 볼 수 있다.

제1차 세계대전이 발발했을 때 윌슨은 전쟁에 참전하지 않으려 했다. 그러나 독일의 루시타니아호 습격으로 미국 내 반독일 감정이 확산되고, 멕시코와 미국의 전쟁을 초래하려는 침머만 전보가 폭로되면서 1917년 4월 6일 독일에 선전포고했다. 재선을 위한 선거 유세에선 전쟁에 참전하지 않겠다고 약속했는데, 취임 한 달 후 모든 상황이 바뀌어버린 것이다.

1918년 인플루엔자가 발생했을 때 윌슨에게 전염병은 중요한 문제가 아니었다. 그는 1918년 인플루엔자에 걸렸는데 완치되었기에 심각한 질병이 아니라고 생각했을지 모른다. 그에게 치명적인 유행성 전염병보다 중요한 건 전쟁을 승리로 이끄는 것이었다. 그리고 자신이 구상한 세계 평화안을 적용하는 것이었다.

제1차 세계대전이 끝나고 윌슨은 '민족자결주의'를 주장했다. 각 민족이 자신의 의지에 따라 정치 조직과 운명을 결정하고 다른 민족이나 국가의 간섭을 받지 않을 걸 천명한 권리다. 여기에는 '군비 축소'를 비롯해 '식민지 요구의 공평한 조정,' '국제연맹 창설' 등 열네 개의 평화원칙이 존재한다.

당시 식민지 상태에서 해방과 독립을 원하는 많은 민족에게 희망을 줬지만, 실제로는 패전국의 식민지를 반환하고 영국과 프랑스가 패전국의 식민지를 차지하지 못하게 하려는 의도였다. 민족자결주의는 전승국의 식민지에는 적용되지 않는 반쪽짜리 평화원칙이었던 것이다.

대통령으로서 윌슨은 위기관리 능력이나 행정 능력 또한 상당히 뛰어났다. 제1차 세계대전을 치르면서 비전을 제시하고 아젠다를 선택하는 능력도 우수했다고 평가받는다.

그렇지만 중앙아메리카와 남아메리카를 미국이 지배해야한다는 제국주의 신념을 가지고 있었다. 이와 같은 신념은 인종에도 적용되었다. 몇 년 전, 프린스턴 대학은 공공국제정책 대학원 이름에서 윌슨 대통령 이름을 삭제했다. 그가 인종차별주의자였기 때문이다. 윌슨은 프린스턴 대학에 재직하는 동안 흑인 입학 신청자를 거절했고, 대통령이 된 이후 공식적으로 인종 분리를 언급했다.

윌리엄 오펜(William Orpen, 〈거울의 방에서 평화조약 서명〉, 1919년. 영국의 전쟁 화가 오펜은 제1차 세계대전 종전 후 체결된 베르사유 조약의 서명 장면을 그림으로 그렸다. 왼쪽에서 다섯 번째 앉은 사람이 윌슨이다.

이러한 점에서 윌슨은 비록 20세기 초에 발생한 대전쟁을 승리로 이끌었지만 정의와 평등을 구현하는 리더십은 부족한 대통령으로 평가받는다.

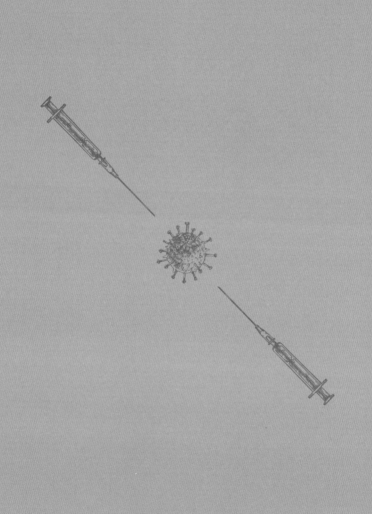

5장

대통령도 피해갈 수
없었던 전염병

소아마비와 프랭클린 D. 루즈벨트

대공황부터
제2차 세계대전까지

20세기 초 미국은 대량생산 시대에 직면했다. 미국 전역으로 확산된 자동차 덕분이었다. 최초의 자동차는 독일 기술자 칼 프리드리히 벤츠^{Karl Friedrich Benz}가 발명했는데, 당시 사람들은 매연과 소음이 심한 이 발명품에 별다른 관심이 없었다.

그의 아내 베르타 벤츠^{Bertha Benz}는 어머니의 집까지 자동차를 몰고 가는 계획을 세웠다. 이 여행이 성공한다면 자동차에 대한 사람들의 인식도 달라지리라 생각한 것이다. 그녀의 장거리 여행은 성공했고, 예상대로 사람들은 새로운 운송 수단에 관심을 가지기 시작했다.

19세기 초에 이미 와트가 증기 엔진을 개량해 증기선이나 기차 등에 널리 활용되었지만, 당시 증기 엔진의 열효율은 10%가 채 되지 않았다. 증기 엔진의 효율성을 높이고자 기관 내부에서 연료를 연소시킨 다음 열에너지를 동력으로 전환하는 기관을 발명했다. 바로 내연기관이다.

최초의 내연기관은 17세기 말에 발명되었지만 별다른 실용성이 없었다. 이후 19세기 중반에 실린더 외부에서 가스와 공기 혼합기를 만들어 실린더에 넣고 연소시키는 방식이 개발되었고, 독일 기술자 니콜라우스 오토^{Nicolaus Otto}가 가솔린 기관을 발명했다. 그의 조수였던 고틀립 다임러^{Gottlieb Daimler}는 가솔린 기관을 4륜 자동차에 장착시켰다. 1908년에 미국 자동차 회사 포드는 모델 T를 개발했다. 역사상 최초의 대량생산 차량이라는 점에서 주목할 만하다.

포드 시스템의 시작

미국 내전이 끝나고 19세기 후반에 급속한 산업화가 시작되면서 미국에선 생산을 과학적으로 관리하고자 하는 시스템이 등장했다. 미국 경영학자 프레더릭 윈즐로 테일러^{Frederick Winslow Taylor}는 일일 작업량을 결정하고 표준화된 작업 조건을 제시하면서 체계적인 '생산관리production management'를 시작했다.

헨리 포드Henry Ford는 테일러 관리법과 컨베이어 장치를 이용해 '조립 라인assembly line'을 고안함으로써 대량생산 시스템을 구축했다. 흔히 '포드 시스템Ford System'이라고 부르는 과정으로 생산 시간이 단축되고 작업 능률 역시 향상되었다.

포드의 자동차 공장에선 노동자들이 이동하는 게 아니라 제품이 이동하면서 작업자 앞에 놓였다. 이와 같은 방식으로 노동자들은 더 효율적으로 작업할 수 있게 되었고 생산량도 증가했다. 하지만 이와 같은 방식이 포드가 강조한 대량생산 방식의 핵심은 결코 아니었다.

포드는 노동자들이 작업하기 쉬운 차량 구조와 형태를 만들었고 조립 공정을 줄이는 동시에 품질도 향상할 수 있는 구조를 개발했다. 또한 모든 과정에서 동일한 측정 기준을 사용해 부품 규격을 통일하고 조립 시간을 단축할 수 있도록 했다.

이와 더불어 작업 공정을 단순화시켜 노동자들이 한 가지의 단순한 작업만 수행하도록 했다. 모델 T는 검정색 한 가지뿐이었다. 검정색이 가장 빨리 마르기에 생산 속도를 높일 수 있기 때문이었다.

1914년 포드는 신문에 노동자 임금을 기존 2.38달러에서 약 두 배인 5달러로 올려준다는 내용의 광고를 게재했다. 수많은 사람이 포드의 자동차 공장에서 일하기 위해 몰려들었다.

노동자들에게 이와 같이 파격적인 임금을 제시할 수 있었던 건 대량생산 덕분이었다. 1922년까지 모델 T는 1,500만 대 이상 생산되었다.

대량생산으로 자동차 가격 역시 저렴해졌다. 모델 T가 처음 출시되었을 때 가격은 850달러였다. 당시 미국 노동자의 월급이 70달러 정도였던 걸 고려하면, 자동차는 노동자들이 1년 이상을 꼬박 저축해야 살 수 있는 상품이었다.

하지만 모델 T의 가격은 점차 하락했다. 1925년에 모델 T의 가격은 250달러였다. 첫해에는 6,800대 정도가 판매되었고, 1927년 생산이 중단될 때까지 1,500만 대가 판매되었다. 통계에 따르면, 당시 미국인 다섯 명 가운데 한 명이 자동차를 소유했다.

20년이 채 지나지 않아 미국에서 자동차는 필수품이 되었다. 비단 남성들 사이에서만 발생했던 현상이 아니었다. 자동차를 포기하느니 옷을 입지 않겠다고 말하는 여성들이 등장했고, 식사를 포기하고 차라리 자동차를 사겠다는 여성들도 나타났다. 그야말로 자동차 혁명이었다.

자동차가 확산되면서 부동산 업자들은 교외의 넓은 땅을 구매해 빌라나 집을 건축했다. 비좁은 도심에서 살던 사람들은 교외의 넓은 집으로 이사했다. '전원주택'이라 부를 수 있는 주거 형태는 20세기 중반까지 급속하게 확대되었다.

"다시 정상으로." 1920년 미국 대통령 선거에서 공화당 후보였던 워런 하딩Warren Harding의 선거 유세 슬로건이다. 하지만 하딩이 주장했던 정상은 20세기 초 미국 사회가 직면했던 수많은 문제를 해결하기 위한 개혁주의가 아닌 자본주의와 대기업의 독점이 만연했던 19세기 말 미국 사회의 모습이다.

이를 위해 그는 대기업의 세금을 50% 이상 인하해주면서 친기업적인 정책을 시행했다. 갑작스럽게 사망한 하딩의 뒤를 이어 대통령이 된 캘빈 쿨리지Calvin Coolidge 역시 미국의 발전과 번영을 위해서는 산업이 발전해야 한다고 생각했다.

1928년 미국 대통령 선거에서 공화당 후보로 출마한 허버트 후버Herbert Hoover는 당시 민주당 후보였던 알 스미스Al Smith에 압도적인 승리를 거뒀다.

후버가 미국 제31대 대통령이 될 수 있었던 건 20세기 초 미국 사회에 만연했던 경제적 번영 덕분이다. 그는 선거에서 다음과 같은 슬로건을 내세웠다. "미국인들의 모든 차고에는 자동차를, 미국인들의 모든 식탁에는 닭고기를."

하지만 후버가 낙관했던 경제적 번영은 그리 오랫동안 지속되지 못했다. 1929년 10월 24일 목요일, 뉴욕 증권거래소에서 갑자기 수많은 주식이 시장으로 쏟아져 나왔고 이내 폭락하기 시작했다. 일주일이 채 지나지 않아 주가는 절반 이하로 하락했다. 역사학자들은 '암흑의 목요일'이라고 부른다.

대량생산과 대량소비가 미국 사회에 만연했지만, 당시 미국은 과잉생산과 실업 문제도 함께 직면하고 있었다. 이와 같은 상황 속에서 대공황은 미국 사회 전역에 생산 감소와 경제 마비를 초래했다.

대공황이 시작된 1929년 미국 실업자 수는 약 150만 명이었는데, 1932년에는 열 배로 증가했다. 미국 노동자들 가운데 30% 이상이 실업자가 되었다. 후버를 비롯해 연방정부는 경기가 곧 회복될 거라는 입장을 표명했지만, 상황은 전혀 나아지지 않았다. 그리고 이와 같은 상황은 미국뿐만 아니라 전 세계에 영향을 미쳤다.

대공황으로 당시 미국과의 교역에 의존하고 있던 많은 국가에서도 경제 위기가 발생했다. 가장 심각했던 곳은 다름 아닌 독일이다. 제1차 세계대전에서 패배한 독일은 베르사유 조약에 따라 엄청난 배상금을 지불해야 했기 때문에 무분별하게 화폐를 발행했다.

결국 한 달 사이에 물가가 50% 이상 상승하는 초인플레이션 현상이 발생했고 경제적 위기 속에서 아돌프 히틀러^{Adolf Hitler}가 집권하면서 전 세계적으로 심각한 위기가 발생했다.

1936년에 독일과 이탈리아는 우호 협정을 맺었는데, 당시

구스타프 클림트^{Gustav Klimt}, 〈닭들이 있는 정원〉, 1917년. 오스트리아 화가 클림트는 〈키스〉 〈유디트〉 등 관능적인 모습을 찬란한 색감으로 표현해 널리 명성을 얻었다. 말년에는 풍경화를 자주 그렸는데, 제2차 세계대전 기간 동안 나치는 이 작품을 포함해 클림프의 작품 열네 점을 오스트리아 남부에 위치한 임멘도르프성으로 옮겼다. 그리고 구소련이 이 작품들을 소장하지 못하도록 성을 폭발시켜 소실되었다.

이탈리아 파시스트 당수 베니토 무솔리니^{Benito Mussolini}가 이를 토대로 "독일과 이탈리아가 유럽 및 전 세계의 국제 관계에 큰 변화를 일으킬 중심축이 될 것"이라고 선언했다. 여기에 일본이 합세하면서 제2차 세계대전을 일으킨 추축국이 등장했다.

전쟁 초기는 독일의 연속적인 승리였다. 영국을 제외한 대부분이 나치의 지배를 받았다.

전쟁 직전인 1939년 8월 23일, 독일 외무장관 요아힘 폰 리벤트로프Joachim von Ribbentrop와 구소련 인민위원회 위원장 바체슬라프 미하일로비치 몰로토프Vyacheslav Mikhailovich Molotov는 비밀 조약을 체결했다. 독일과 구소련이 서로 침략하지 않겠다는 '독소불가침조약'이었다. 하지만 1941년 6월 22일, 독일이 구소련을 침공하면서 조약은 자연스럽게 폐기되었다.

프랭클린 D. 루즈벨트와 제2차 세계대전

1941년에 인도차이나반도를 점령한 일본은 동남아시아를 식민지로 삼으려 했다. 연합국과 미국이 일본에 경제 제재 조치를 가하자 결국 일본은 전쟁을 일으켰다. 1941년 12월 7일 일요일 오전, 미국 하와이주 오아후섬의 진주만에 정박해 있던 미국 태평양 함대가 공격을 받았다.

총 450대의 항공기를 실은 여섯 척의 일본 항공모함이 하루종일 진주만을 공습했는데, 정박해 있던 일곱 척의 미국 전함 가운데 다섯 척과 200대 이상의 항공기가 파괴되었다. 사망자 수는 군인과 민간인을 합쳐 2천 명 이상이었고, 부상자 역시 1천 명 이상이었다.

당시 미국 대통령 프랭클린 D. 루즈벨트^{Franklin D. Roosevelt}는 다음 날 의회에서 연설했다. "어제 미합중국은 일본의 갑작스럽고 계획적인 공격을 받았다. 우리는 일본의 간청으로 태평양에서의 평화를 모색하기 위해 대화 중이었다. 하지만 일본은 폭격을 개시했다. 의도적으로 계획된 공격이었음이 분명하다. 아무리 오랜 시간이 걸리더라도 우리는 완벽한 승리를 통해 이길 것이다." 그는 일본에 선전포고했고, 미국은 다시 한 번 세계대전에 참전했다.

추축국 중 가장 먼저 항복한 나라는 이탈리아다. 1943년 7월 영국과 미국 연합군이 시칠리아섬에 상륙하자 이탈리아에선 새로운 내각이 성립되었다. 그리고 무조건 항복을 선언하면서 추축국인 독일에 선전포고했다.

제2차 세계대전에서 가장 치열했던 전투인 스탈린그라드 전투에서 구소련에게 패배한 독일에선 이미 독재자 히틀러와 나치에 대한 불신이 확대되고 있었다. 히틀러가 총동원 체제를 선포했지만, 독일 역시 1945년 5월 7일에 연합군에게 항복했다. 추축국이었던 이탈리아와 독일이 항복했기 때문에 유럽에선 전쟁이 끝났다.

그러나 일본이 남아 있었다. 1944년 11월부터 미국은 일본 본토를 공격했고 일본이 식민지로 삼았던 필리핀 마닐라를 되찾았다.

1945년 7월에 미국과 영국, 그리고 중국은 독일 브란덴부르크주의 포츠담에 모였다. 일본의 항복을 권유하고 제2차 세계대전이 끝난 후 일본에 관한 정책을 표명하기 위한 회담이었다.

일명 '포츠담 선언'으로 불리는 이 선언은 모두 열세 개의 항목으로 구성되어 있는데, 일본 영토를 한정하고 전쟁 범죄자를 처벌하며 무조건 항복을 규정하는 항목이 포함되어 있다.

하지만 일본은 이 선언을 거부했다. 결국 전쟁을 종식시키기 위해 미국은 인류 역사상 가장 치명적이고 위협적인 전쟁 무기를 사용하지 않을 수 없었다. 원자폭탄이었다.

1945년 8월 6일 현지 시간 오전 8시 15분, 기장 폴 티베츠 Paul Tibbets의 어머니 이름을 따 '에놀라 게이'라는 별명을 가진 폭격기가 일본 히로시마에 원자폭탄을 투하했다. 일명 '리틀보이'로 길이는 약 3미터이고 무게는 4톤 정도인 이 폭탄은 인류 최초의 원자폭탄이었다.

약 9천 미터 높이의 상공에서 투하해 폭탄의 위력을 극대화하고자 500미터 정도의 높이에서 폭발했다. 원자폭탄이 폭발 지점에 도달하기까지 1분이 채 걸리지 않았다. 엄청난 빛과 버섯구름이 나타났고, 도시 건물의 90% 이상이 파괴되었다. 당시 히로시마 전체 인구는 25만 명 정도였는데, 절반 이상에 해당하는 14만여 명이 사망했다.

사흘 뒤 원자폭탄이 다시 일본 본토에 투하되었다. 두 번째 폭탄 투하지는 규슈의 나가사키였다. 원래 목표지는 규슈 북쪽의 고쿠라였는데, 당시 고쿠라 하늘이 안개에 뒤덮여 시야가 좋지 않았다.

결국 폭격기는 또 다른 목표지였던 나가사키로 향했다. 미쓰비시 건물을 목표로 500미터 고도에서 폭발한 이 원자폭탄은 일명 '팻맨'이었다. 동그랗고 뚱뚱한 이미지와 달리 팻맨의 위력은 엄청났다. 팻맨으로 약 7만 명이 사망했다.

두 차례에 걸친 원자폭탄 투하 이후 일본은 항복을 결정했다. 1945년 8월 10일에 일본은 포츠담 선언의 내용을 수락했고, 15일 일본왕은 국민에게 항복 내용을 방송했다.

제2차 세계대전은 20세기에 발명된 가장 위협적인 전쟁 무기의 사용으로 가까스로 끝날 수 있었다.

대통령이
라디오를 활용하는 법

1932년 대통령 선거에서 주목할 만한 건 라디오다. 재선에 도
전했던 후버와 민주당 대통령 후보 루즈벨트가 라디오를 통해
정치 논쟁을 벌였기 때문이다.

1888년에 독일 물리학자 하인리히 루돌프 헤르츠[Heinrich
Rudolf Hertz]가 전파 발생 실험에 성공했고, 이탈리아 발명가 굴리
엘모 마르코니[Guglielmo Marconi]는 전자기파가 전송되는 거리를 확
대하고자 송신기의 코일을 증대하고 수신기의 민감도를 높였
다. 그는 2km 이상 떨어진 곳에 신호를 보내는 데 성공했고,
무선 전신 특허를 받아 세계 최초의 무선전신회사를 설립했다.

20세기 초에 라디오는 주로 아마추어 통신사들이 음악이나 정보를 교환하는 데 사용했지만, 이후 인간의 음성을 전달하는 데 사용되기 시작했다.

세계 최초의 상업적 라디오 방송은 1920년에 시작되었다. 11월 2일에 치러진 제29대 대통령 선거 개표 결과를 세계 최초의 라디오 정규방송 KDKA가 보도한 것이다. 많은 이가 하딩의 대통령 당선 사실을 신문이 배달되기 전에 알 수 있었다.

이후 라디오 방송은 급속도로 발전했다. 1924년까지 미국에 500개 이상의 라디오 상업 방송국이 설립되었고, 1926년에는 미국 전역을 대상으로 방송하는 NBC가 설립되었다.

1930년대는 라디오의 황금기였다. 20세기의 대량생산 덕분에 경제적으로 풍요로워진 미국 노동자들은 새로운 여가 활동에 관심을 가지기 시작했다. 대표적으로 야구를 비롯한 스포츠, 영화, 놀이공원 등이다.

하지만 대공황 이후 실업률 급증과 더불어 경제적으로 어려워진 미국인들에게 라디오는 영화나 연극, 스포츠보다 더 큰 인기를 얻었다. 수신기만 있으면 음악과 드라마, 그리고 대통령의 친근한 연설까지 들을 수 있었기 때문이다.

이와 더불어 1930년대 미국 라디오에서 유행한 건 드라마다. 라디오 드라마의 주된 청취자들은 주부였다. 그래서 라디오 방송국에선 주부가 관심을 가질 만한 이야기를 드라마로 풀어내기 시작했다.

과부 엄마와 딸, 그리고 하숙집에 살고 있는 여성 사이에서 매일 15분씩 진행되는 이야기를 담은 〈페인티드 드림즈Painted Dreams〉는 미국 최초의 라디오 드라마다. 주부들은 눈에 보이지 않지만 목소리로 연기하는 배우들에게 몰입했다.

또한 라디오 방송국은 수익을 내고자 광고를 시작했는데, 대부분의 광고주들은 주부가 쉽게 구매하는 비누를 판매하는 회사였다. 라디오 드라마를 '소프 오페라soap opera'라고 부르는 것도 이로부터 유래되었다. 이제 라디오는 미국 사회의 정치, 경제뿐만 아니라 일상생활 속에 깊숙이 자리했다.

루즈벨트의 '노변담화'

루즈벨트는 누구보다도 라디오를 잘 활용했다. 그는 라디오가 국민에게 미치는 영향을 매우 긍정적으로 평가했다. 아울러 라디오로 대중과 자신을 동일시하는 효과를 극대화했다. 대중은 라디오를 통해 대통령이 자신의 편이라고 믿으면서 호감을 가졌다.

실제로 이 시기에 루즈벨트의 라디오 방송을 들은 다수의 사람은 대공황과 제2차 세계대전이라는 어려운 시기에 자신을 가장 잘 이해하는 사람이 다름 아닌 대통령이라고 생각했다.

루즈벨트에게 라디오는 자신의 연설을 친한 이웃사람과의 대화로 만들고 대중의 유대감을 형성해 자신의 정책을 지지하도록 하는 가장 효과적인 수단이었다.

대공황 이후 루즈벨트는 서른 번에 걸쳐 라디오로 대중의 지지를 호소했다. 흔히 '노변담화Fireside Chats'라고 불리는 이 연설로 그는 연방정부와 대통령에 대한 확신을 주고자 했다.

대통령으로 취임한 지 일주일이 지난 1933년 3월 12일에 루즈벨트는 첫 번째 노변담화를 했다. 제목은 '은행 위기'였는데, 은행 휴업이 발생하면서 국민의 불신과 불안이 증가하고 있다는 사실을 인정했다.

그러나 은행 휴업 기간 동안 은행 실태를 조사해 구제 가능한 은행은 회복시키고 그렇지 않은 은행은 정리함으로써 연방정부가 통화를 통제할 거라고 말했다. 이러한 과정은 대중의 협력으로만 가능하다는 점을 강조하면서 하나의 통합된 국가 형성을 호소했다.

또 다른 성공적인 노변담화로는 '구제정책'과 '실업조사'를 들 수 있다. 루즈벨트는 이 두 번의 노변담화로 실업 문제가 당시 미국 사회의 가장 심각한 문제라는 사실을 인정했다. 이러한 문제를 해결하기 위해선 개인과 집단의 이기심을 버리고 공공의 이익을 우선시해야 한다고 강조했다. 또한 대중의 희생과

엘리자베스 쇼마토프Elizabeth Shoumatoff, 〈루즈벨트의 미완성 초상화〉, 1945년. 이 초상화를 그린 지 얼마 후 루즈벨트가 대동맥 파열로 사망했기 때문에 초상화는 미완으로 남았다.

양보만이 국민의 삶을 회복하는 지름길이라고 역설했다.

　루즈벨트의 노변담화로 다수의 미국인들은 단순히 식량이나 구호금 지급이 아닌 일자리 제공을 통한 실업 구제가 바람직한 정책이라고 인식했다.

루즈벨트의 국내외 노변담화

루즈벨트에게 노변담화는 대공황으로 망가진 미국 사회를 재건하는 데 필요한 정책에 대한 국민의 지지를 이끌어내는 가장 효과적인 수단이었지만, 국내 정책 설명에만 국한하지 않았다.

일본의 진주만 공격으로 제2차 세계대전에 참전할 수밖에 없게 된 미국은 대중의 반응을 살펴야만 했다. 루즈벨트는 노변담화를 통해 미국의 참전에 대한 대중의 지지를 이끌어내고자 했다.

미국은 전통적으로 고립주의 또는 중립주의 원칙을 지지했다. 제1차 세계대전이 끝나고 열린 위원회에서 일부 군수업자의 이해관계 때문에 미국이 제1차 세계대전에 참전했다는 비난이 제기되었고, 1935년에 '중립법'까지 제정되어 미국이 다시 전쟁에 참전하는 건 매우 어려운 분위기였다.

1939년 9월 3일의 노변담화에서 루즈벨트는 미국인의 의무를 강조했다.

"미국인들은 누구보다도 그리고 무엇보다도 세계의 평화를 수호하고 인류애를 실천할 권리와 의무를 가지고 있습니다."

그는 미국인이 개인의 안전과 번영보다 세계 평화 수호라는 보편적 이념을 수호해야 할 대의명분을 가지고 있음을 호소했다. 미국의 참전 가능성을 암시하는 말이자 미국 참전의 당위성을 부여하기 위한 말이었다.

더불어 루즈벨트는 "어느 한 지역에서 평화가 위협받으면 모든 지역에서 평화가 붕괴되고 유럽의 전쟁이 미국의 미래에 영향을 미칠 게 분명하다"고 강조했다.

그리고 진주만 공격 이틀 후에 발표한 노변담화에선 일본에 선전포고를 했다. 미국의 참전을 직접적으로 언급한 말이었는데, 당시 많은 미국인은 미국이 전쟁터가 될지도 모른다는 불안감을 가지고 있었다. 이와 같은 미국 사회의 불안을 잠재우고자 루즈벨트는 국민을 하나로 통합하는 게 가장 중요하다고 판단했다.

노변담화에서 그는 일본의 진주만 공격이 국제적인 만행의 절정이며, 미국 역시 다른 나라와 마찬가지로 자유를 수호하고 대량학살의 공포에서 벗어나고자 전쟁에 참전해야 한다고 주장했다.

한편 이와 같은 전쟁은 미국의 존속과 미래의 번영을 위한 것이며, 다른 어느 시기보다도 국민의 자발적인 도움이 필요하다고 호소했다.

루즈벨트의 노변담화는 미국의 참전에 대한 대중의 인식

변화뿐만 아니라 행동 변화까지 가져왔다.

그에게 라디오를 활용한 노변담화는 정치적 선전 이상의 역할을 담당했다. 대중의 심리에 영향을 미치고, 하나의 공동체를 강조함으로써 통합을 추구하며, 연방정부에 대한 신뢰를 구축할 수 있는 가장 중요한 수단이었다.

루즈벨트는 대중의 동의가 대통령 리더십의 가장 중요한 근원이라고 믿었다. 대중과 소통하고 대중을 설득하고자 그는 1930년대 미국의 대표적인 대중매체인 라디오를 활용했다. 미국 역사상 가장 효과적인 전략 가운데 하나였다.

20세기 중반 미국에서
빈번하게 발생한 전염병

대공황이 발발하자 미국 국민은 '뉴딜 정책New Deal'을 제시한 루즈벨트를 선택했다. 대통령으로 당선된 루즈벨트는 "우리가 두려워할 건 두려움 그 자체다"라는 취임 연설로 두려움을 극복하고자 현실을 제대로 직시하고 이해하자고 강조했다.

그에게 최우선의 과업은 미국 경제 활성화였다. 이를 위해 은행 정상화를 위한 '긴급은행법'이나 주요 농산물 생산을 제한함으로써 농산물 가격 하락을 방지하는 '농업조정법'을 제정했다. 또한 테네시강 유역 개발 사업을 통해 지역을 개발하고 실업자를 구제했다.

에드워드 호퍼^{Edward Hopper}, 〈뉴욕의 방〉, 1932년. 호퍼는 도시의 일상적인 공간 속에서 현대인이 느끼는 외로움이나 고독을 주로 작품으로 표현했다. 이 작품 역시 조용한 분위기 속에서 나타나는 고독감을 잘 보여주는데, 대공황이라는 시대적 배경과도 무관하지 않을 것이다.

　이러한 과정에서 경제 분야에 있어 연방정부의 개입이 강화되었다. 그 결과 1935년 여름부터 경기가 조금씩 활성화되었다. 이에 루즈벨트는 1936년 대통령에 재선될 수 있었다. 1939년에 제2차 세계대전이 발발하자 1940년 선거에서 그는 조지 워싱턴 이래 한 번도 시도되지 않았던 3선에 성공했다.

　1941년 일본의 진주만 습격으로 미국은 제2차 세계대전에 참전했다. 덕분에 군수산업의 활성화로 미국 경제는 회복되기 시작했고 실업자는 감소했다. 그리고 1944년 대통령 선거에서 승리해 루즈벨트는 미국 역사상 최초로 4선 대통령이 되었다.

하지만 미국 역사상 유일하게 네 번씩이나 대통령에 당선 된 루즈벨트에게도 큰 시련이 있었다. 바로 치명적인 질병인 소아마비였다.

치명적인 전염병, 소아마비의 기원

인류 역사 속에서 소아마비의 기원은 고대 이집트까지 거슬러 올라간다. 1897년에 영국 고고학자 플린더스 페트리^{Flinders Petrie} 는 이집트 카이로에서 남쪽으로 약 100km 떨어진 데샤셰흐 ^{Deshasheh}에서 발굴 작업을 했다.

기원전 3700년의 것으로 추정되는 여러 무덤과 유물을 발 견했는데, 한 무덤에서 발견된 유적이 특히 관심을 끌었다. 지 배 계급으로 추정되는 노인의 미라와 120cm 정도 되는 길이의 지팡이였다.

발굴팀은 이 미라가 정상이 아니라는 사실을 깨달았다. 왼 쪽 대퇴골이 오른쪽에 비해 8cm 정도 짧았기 때문이다. 이는 소아마비의 증거로, 인류 역사에서 오래 전부터 소아마비가 창 궐했다는 걸 알 수 있다.

전 세계 '3대 아베 마리아'라고 하면 프랑스 작곡가 샤를 구노^{Charles Gounod}와 이탈리아 작곡가 줄리오 카치니^{Giulio Caccini}, 그리고 오스트리아 작곡가 프란츠 페터 슈베르트^{Franz Peter Schubert}의 아베 마리아를 꼽는다.

아베 마리아란 '안녕하십니까, 마리아'라는 뜻으로 예수를 잉태한 마리아를 방문한 천사의 문안 인사와 세례 요한의 어머니 엘리사벳이 마리아에게 한 인사에서 유래된 표현이다.

본래 6세기경 교회의 기도문 가운데 하나였는데, 10세기쯤 기도문에 곡을 붙여 성모 마리아를 찬미하는 성가곡으로 사용되기 시작했다.

이 가운데 슈베르트의 '아베 마리아'는 스코틀랜드의 어느 서사시를 사용한 것으로 잘 알려져 있다. 이 시는 스코틀랜드 시인이자 역사 소설가 월터 스콧 경^{Sir Walter Scott}의 서사시 「호수의 여인」이다. 1810년에 출판된 서사시로 총 6부로 구성되어 있고 각 부는 하루에 일어난 일을 읊고 있다. 모두 4,956행으로 구성되어 있다.

칸트린호의 작은 섬에 사는 엘렌^{Ellen}은 맬컴^{Malcolm}과 사랑하는 사이지만, 아버지와 같은 편인 족장 로데리크^{Roderick} 역시 그녀를 사랑해 반란을 일으킨다. 이에 왕이 로데리크를 토벌하고 엘렌과 맬컴의 사랑을 축복해준다는 게 서사시의 전체 내용이다.

슈베르트는 이 서사시에 매우 감동 받아 이 중 몇 개의 시에 곡을 붙였다. 이 가운데 하나가 바로 '엘렌의 노래'다. 그는 엘렌을 위해 세 개의 곡을 작곡했는데, 이 중 세 번째 곡이 '엘렌의 세 번째 노래'로 '아베 마리아'다.

슈베르트에게 엄청난 영감을 준 스콧은 소아마비를 앓고 있었는데, 문헌상으로 기록된 최초의 사례다. 당시 그의 질병에 대해선 "오른쪽 다리의 힘이 빠지는 심각한 열병"이라고 기록되어 있다. 이 시기에는 소아마비의 원인이 알려지지 않았기 때문에 후일 소아마비에 관련된 의학적 연구는 스콧이 자신의 질병에 관해 남긴 여러 기록으로부터 많은 영향을 받았다.

소아마비의 치명성

20세기 전까지는 소아마비에 대해 그리 많이 알려지지 않았다. 마비를 초래하는 전염병이 급속하게 유행한 건 1900년대 이후다.

1841년에 미국 루이지애나주에서 여러 건의 소아마비가 최초 발생한 이후 미국에선 50년 가까이 유행성 소아마비가 발생하지 않았다. 이후 1893년에 보스턴에서 26건의 소아마비가 발생했고, 버몬트주에서도 132건의 소아마비가 발생해 이 중

열여덟 명이 사망했다.

유행성 소아마비는 20세기 이후 더욱 빈번하게 발생했고, 치명적이었다. 이 가운데 1916년에 발생한 유행성 소아마비는 유독 치명적이었다.

1916년 6월, 뉴욕시 브루클린에서 소아마비가 발생했다. 6월 26일까지 보고된 사례는 183건이었고, 전염병은 뉴욕시 남쪽으로 계속 확산되고 있었다. 당시 브루클린에서 열한 명이 소아마비로 사망했다. 6월 28일에는 23건의 추가 사례가 보고되어 브루클린에서만 발생한 소아마비 감염 사례가 200건 이상이었다.

7월이 되자 뉴욕시의 다른 지역에서도 소아마비 감염 사례가 보고되었고, 사망자는 계속 급증했다. 유행성 소아마비가 정점에 달한 건 8월 초였다. 이 시기에 소아마비 감염 사례는 2만 7천 건 이상이었고, 사망자 수는 6천 명 이상이었다.

시민들의 공포심이 급증하자 뉴욕시 보건국은 건강한 시민들을 보호하고자 여러 가지 예방 대책을 마련했다. 이 가운데 한 가지는 격리 조치였다. 우선 소아마비로 확진된 환자들과 가족을 격리하고 이들의 이름과 주소를 언론에 공개했다.

당시에는 소아마비의 발생 원인이 알려지지 않았기 때문에 최선의 방법은 격리뿐이었다. 더불어 사람들이 많이 모이는 공공장소를 폐쇄하고 소아마비가 발생했던 지역을 화학 소독

제로 정화했다. 소아마비 환자를 치료하기 위한 특수 클리닉을 설립하기도 했다.

1916년의 유행성 전염병은 뉴욕시와 인근 지역에 공황을 초래했다. 수천 명에 달하는 사람들이 도시를 떠나 휴양지로 피신했다. 도시가 텅 비면서 극장과 오락 시설은 문을 닫았다. 공공장소 역시 텅 비었고 회의와 모임 역시 전부 취소되었다. 놀이공원이나 수영장, 해변에서도 사람을 거의 찾아볼 수 없었다. 결국 경제 불황으로 이어질 수밖에 없었다.

일부 의사들이 소아마비 치료법을 제시하기도 했다. 하지만 소아마비의 원인을 명확하기 밝히지 못했기 때문에 치료법은 이상하고 위험한 게 대부분이었다.

당시 소아마비를 치료하고자 제시한 치료법은 산소 공급이나 카페인 섭취 등이었다. 소아마비가 파리 때문에 발생한다고 주장하는 사람들도 있었다.

마구간 주변과 소아마비 환자의 상관관계를 밝히는 역학 조사도 시행되었다. 당시 뉴욕시 보건국에선 마구간의 분뇨 처리 과정이 위생적인지 조사했고, 마구간에 서식하는 파리의 번식을 막고자 위생적인 환경을 제공해야 한다고 강조하기도 했다. 하지만 소아마비의 치명성을 통제하기에 역부족이었다.

빈번하게 발생한 소아마비

1940년대 이후 미국 전역에서 소아마비는 더욱 빈번하게 발생했다. 1949년에 미국 내 소아마비 발생 사례는 무려 4만 건 이상이었고, 사망자 수는 2,700명 이상이었다. 이 시기의 소아마비가 다른 시기보다 유독 치명적이었던 이유는 소아마비 발생 연령이 높아졌기 때문일 것이다.

전문가들에 따르면, 20세기 이전에 소아마비 감염은 대부분 생후 6개월~4세 사이의 아이들에게서 발생했다. 이 시기 소아마비에 걸린 아이들은 경미한 증상을 겪고 면역력을 가지게 되었다.

그러나 19세기 말부터 20세기 초까지 여러 국가에서 하수 처리를 비롯해 위생 상태가 개선되기 시작했다. 위생 상태가 개선됨에 따라 어린아이가 소아마비에 노출되거나 면역력을 가질 기회도 감소했다. 그래서 소아마비 감염은 나이가 더 많은 아동이나 성인들 사이에서 발생하기 시작했다.

당시 소아마비로 인한 마비 증상은 아동의 경우 1천 명 중 한 명이 발생했던 반면, 성인의 경우 75명 중 한 명이 발생했다. 성인에게 마비 증상이 발생할 확률이 열세 배 이상 높았다.

1950년대 미국에서 발생한 소아마비는 주로 5~9세 사이의 어린아이들 사이에서 나타났고, 전체 감염 사례 중 1/3은

15세 이상이었다.

미국에서 발생했던 전염병 소아마비 가운데 가장 치명적이었던 건 바로 1952년에 발생한 소아마비다. 당시 통계에 따르면, 5만 7천 건 이상이 발생했고 이 가운데 3,415명이 사망했다. 그리고 2만 명 이상에게 마비 후유증이 남았다.

이 치명적인 소아마비는 비단 한 지역에만 영향을 미친 게 아니었다. 미국 중서부와 남부의 여러 지역에서 특히 치명적인 영향을 미쳤다.

급증하는 소아마비 환자를 치료하고자 수 시티의 세인트 빈센트 병원에서 사용한 건 철폐iron lung였다. 두 개의 진공관이 전기 모터에 의해 작동하고 기계 내부의 압력을 변동시켜 작동했다.

압력이 낮아지면 흉강이 확장되어 진공을 채우고 압력이 올라가면 흉강이 수축한다. 이러한 팽창과 수축은 인체의 호흡과 비슷하다. 소아마비가 유행했던 시기에 철폐는 수많은 사람의 생명을 구했다.

그러나 기계는 상당히 크고 작동도 번거로웠다. 무엇보다도 가격이 매우 비쌌다. 당시 1인 사용 비용이 1,500달러에 달했다. 짧게는 수개월, 길게는 수년 혹은 평생 이 기계 안에 갇혀 있어야 했기에 철폐를 작동시키는 비용은 상상을 초월했다.

이후 점차 사용되지 않다가 오늘날에는 사용되지 않는다.

그러나 코로나19 바이러스가 유행하면서 일시적으로 인공호흡이 필요한 환자들이 많아지자 철폐의 대체품에 관한 관심이 되살아나기도 했다.

많은 사람이 이민 집단 때문에 소아마비가 발생했다고 비난했다. 일부 사람들은 자동차 배기가스 때문에 치명적인 전염병이 발생했다고 믿기도 했다.

여전히 소아마비의 원인은 밝혀지지 않았다. 소아마비 환자와 사망자가 급증하면서 군용 수송기로 의료 장비를 공수하기까지 했다. 그야말로 전쟁과 다를 바 없었다.

이 시기에도 파리 때문에 소아마비가 발생한다는 주장이 제기되었다. 많은 미국인이 소아마비를 퇴치하고자 독성 살충제인 DDT를 사용하기도 했다. 소아마비에 걸린 어린아이의 집에서 파리를 잡아 예일 대학에 보내기도 했다. 하지만 파리와 소아마비의 상호관련성은 밝혀지지 않았다.

소아마비가 더욱 빈번하게 발생하고 사망자 수가 급증함에 따라 소아마비의 발생 원인을 과학적으로 밝히고 예방하기 위한 백신 개발은 더욱 시급해졌다.

소아마비 퇴치에 최선을 다한
프랭클린 D. 루즈벨트

미국에서 1913년에 '연방준비법'이 제정되면서 달러를 사용하기 시작했다. 현재 미국 지폐는 여섯 종류로 구분된다.

1달러는 실생활에서 가장 많이 사용되는 지폐로 초대 대통령인 조지 워싱턴의 초상이 그려져 있다. 2달러는 발행 및 통용되는 화폐지만 실생활에서 쉽게 볼 수 없는 지폐로 제3대 대통령 토머스 제퍼슨이 등장한다. 5달러는 1달러와 함께 가장 많이 사용되는 지폐로 제16대 대통령 에이브러햄 링컨의 초상이 그려져 있다.

그밖에도 10달러에는 초대 재무부 장관을 역임한 알렉산

더 해밀턴, 20달러에는 제7대 대통령 앤드류 잭슨이 등장한다. 50달러에는 제18대 대통령 율리시스 S. 그랜트^{Ulysses S. Grant}, 100달러에는 벤저민 프랭클린의 초상이 그려져 있다. 1920년대에는 500달러 지폐도 발행되었지만, 1940년대 중반에 발행을 중단했다. 10만 달러 지폐도 있는데, 은행 간 지급 결제용으로 사용되는 것으로 시중에 유통되거나 소유할 수 없다.

지폐 이외에 동전도 있다. 여섯 가지 종류가 있지만 실제로 사용되는 건 네 종류이며, 이 가운데 주로 사용되는 건 두 종류다.

1센트는 우리나라 10원짜리와 비슷한데, '페니'로 잘 알려져 있다. 링컨 탄생 100주년을 기념해 도안을 만들었고, 이후 계속 사용되고 있다. 5센트는 거스름돈으로 종종 사용되는 동전으로 '니켈'이라고 부르며, 제퍼슨의 초상이 있다.

루즈벨트 다임과 소아마비

10센트는 '다임'이라고 부르는데, 그 주인공은 바로 루즈벨트다. 그래서 10센트는 '루즈벨트 다임'이라는 별명을 가지고 있다. 그리고 20세기 중반 미국 사회를 휩쓸었던 치명적인 전염병인 소아마비와 관련이 있다.

미국 역사상 가장 어려운 시기였던 대공황과 제2차 세계대전 기간 동안 미국을 이끈 루즈벨트는 1921년에 갑자기 소아마비 진단을 받고 하반신이 마비되었다.

소아마비는 폴리오바이러스^{polio virus}에 의해 신경계가 감염되면서 발생하는 질병이다. 주로 두 가지 형태로 발병하는데, 한 가지는 척수성 소아마비이고 다른 한 가지는 뇌성 소아마비다.

척수성 소아마비는 전염병으로 척수신경이 폴리오바이러스에 감염되어 수족 마비가 발생하는 것이며, 뇌성 소아마비는 여러 가지 원인 때문에 뇌신경이 감염되어 발생하며 전염되지 않는다.

오늘날에는 예방 접종이 효과적으로 시행되면서 발생률이 감소해 WHO는 1994년에 서유럽 지역에서 소아마비 박멸을 선언했고 2000년에는 우리나라를 포함한 태평양 서쪽 지역에서 소아마비 박멸을 선언했다.

그러나 20세기 초만 해도 소아마비는 미국을 비롯해 전 세계적으로 치명적인 전염병이었다. 대도시를 중심으로 빈번하게 창궐했고 1940년대와 1950년대에 절정에 달했다. 이 시기 매년 전 세계적으로 50만 명 이상이 소아마비로 마비 증상을 일으키거나 사망했다.

루즈벨트는 미국 전역에서 발생하는 소아마비를 통제하고자 '10센트의 행진^{March of Dimes}'을 추진했다. 1931년부터 1945년까지 방송된 미국 라디오 다큐멘터리 〈시간의 행진^{The}

March of Time〉을 모방한 것이다. 이 다큐멘터리에 출연한 미국 코미디언 에디 캔터^{Eddie Cantor}는 치명적인 전염병을 극복하고자 전국적인 모금 캠페인을 시작했다. 그는 옷깃에 꽂는 핀을 만들었는데, 이 핀이 10센트에 판매되었다.

'10센트의 행진'을 위해 수천 명의 사람이 백악관으로 카드나 편지를 발송했다. 여기에 10센트 동전이 들어 있었고 8만 5천 달러 이상을 모금했다. '10센트의 행진'은 어린아이들도 기부할 수 있도록 했다. 크리스마스 시즌이 되면 아이들이 10센트를 넣을 수 있도록 도시의 여러 곳에 모금 부스를 설치했다.

여러 해에 걸쳐 70억 달러가 넘는 기금을 모았다. 대부분 학생과 어린아이들로부터 받은 기금이었다. 이 가운데 상당 금액이 소아마비 극복에 사용되었다.

1945년 4월 12일, 루즈벨트가 사망한 후 한 달이 채 지나지 않아 루이지애나주 하원의원 제임스 홉슨 모리슨^{James Hobson Morrison}이 법안을 발의했다. 수많은 미국인을 공포로 몰아넣었던 치명적인 전염병을 극복하고자 노력했던 루즈벨트의 업적을 기리기 위해 10센트에 루즈벨트의 초상을 새기는 것이었다.

당시 10센트에는 그리스 신화에 등장하는 전령의 신 머큐리^{Mercury}의 초상이 새겨져 있었다. 10센트 동전은 의회의 동의가 없어도 조폐국에서 변경할 수 있었기 때문에 이후 머큐리 다임은 루즈벨트 다임으로 변경되었다.

앤드류 와이어스Andrew Wyeth, 〈크리스티나의 세계〉, 1948년. 앤드류는 자신이 알고 있는 인물과 풍경을 묘사한 화가로 유명한데, 이 작품의 크리스티나 역시 이웃 안나 크리스티나 올슨Anna Christina Olson을 모델로 삼았다. 소아마비 환자였던 그녀는 휠체어 대신 두 발로 기어다니는 걸 선호했는데, 그녀의 강력한 의지를 표현한 작품이다.

소아마비 백신의 역할

오늘날 소아마비는 거의 발생하지 않는다. WHO에 따르면, 1988년에 전 세계적으로 발생한 소아마비 사례는 35만 건이었던 반면 2018년에는 33건으로 급격하게 감소했다.

1950년대까지 미국에 치명적인 영향을 미쳤던 소아마비는 1979년에 문명사회에서 벗어나 18세기의 생활을 유지하고 있는 안만파 신도Amish 사이에서 발생한 사례를 마지막으로 더는 발생하지 않았다. 소아마비 백신 덕분이었다.

소아마비 백신은 크게 두 가지 유형이 사용되는데, 주사로 제공되는 불활성화 백신과 구강으로 제공되는 약화된 백신이다. 최초의 소아마비 백신은 1935년에 개발되었지만 비용 때문에 충분한 동물실험을 하지 않고 사람에게 접종했다.

알레르기나 전신마비 같은 부작용을 초래하면서 소아마비 백신 개발은 어려움에 직면했다가 1948년에 다시 활성화되기 시작했다. 하버드 의과대학 연구팀이 일반조직에서 폴리오바이러스를 배양하는 방법을 알아내면서 부작용이 해결되었기 때문이다.

1949년에는 다양한 폴리오바이러스 분류화 작업이 진행되었고 소아마비 백신 제조는 훨씬 간단해졌다. 당시 피츠버그 의과대학에서 바이러스 연구소장을 지낸 조너스 에드워드 소크Jonas Edward Salk는 안전성을 위해 사백신을 이용한 백신을 개발했다. 원숭이의 신장 조직을 시험관에서 배양한 후 폴리오바이러스를 이식해 백신을 만들었다. 1952년 7월, 실험동물 테스트에 성공한 그는 사람을 대상으로 백신 접종을 시작했다.

소크의 백신은 당시 미국 역사상 가장 규모가 큰 의학 실험이었다. 버지니아주의 어린아이들 약 4천 명으로 시작해 메인주와 캘리포니아주까지 180만여 명의 어린아이가 참여했다. 소크의 백신은 안전하다고 판명되었고 '10센트의 행진'에서 소아마비 백신 예방 접종 캠페인을 추진했다.

이후 소아마비 발병 건수는 1953년의 3만 5천 건에서 1957년에 5,600건으로 크게 감소했다. 1961년에 미국 내 소아마비 발생 건수는 160건 정도밖에 되지 않았다. 소크는 미국 사회의 영웅으로 부상했다.

2020년 8월 25일에 WHO는 아프리카에서 소아마비가 박멸되었다고 선언했다. 천연두에 이어 인간이 통제한 두 번째 유행성 전염병이다.

20세기 중반에 미국 사회의 소아마비를 통제하는 데 백신이 매우 중요한 역할을 담당했다. 그러나 소아마비 퇴치를 위한 미국 사회의 관심을 재고하는 데 누구보다도 중요한 역할을 담당했던 사람은 루즈벨트다. 치명적인 전염병을 통제하고 예방하기 위한 그의 노력이 백신 개발로 이어진 것이다.

루즈벨트는 미국 역대 대통령 가운데 누구보다도 대중을 설득하고 대중과 소통하는 능력이 뛰어났다. 대중의 동의를 끌어내는 게 대공황이나 제2차 세계대전, 치명적인 소아마비라는 미국 사회의 위기를 극복하고 효과적인 정책을 수행하는 데 무엇보다도 중요하다는 사실을 잘 알고 있었다.

2000년부터 2021년까지 시행된 설문조사의 대중 설득 항목에서 루즈벨트는 언제나 1위였다. 이러한 점에서 일방적인 통보가 아닌 대중과의 상호작용을 강조했던 루즈벨트의 정치전략은 오늘날까지 중요한 역사적 의의를 지닌다.

역사가 우리를 강하게 만든다 08

미국사를 뒤흔든 5대 전염병

초판 1쇄 발행 2024년 2월 13일
초판 2쇄 발행 2024년 2월 20일

지은이 | 김서형
펴낸곳 | 믹스커피
펴낸이 | 오운영
경영총괄 | 박종명
편집 | 김형욱 최윤정 이광민 김슬기
디자인 | 윤지예 이영재
마케팅 | 문준영 이지은 박미애
디지털콘텐츠 | 안태정
등록번호 | 제2018-000146호(2018년 1월 23일)
주소 | 04091 서울시 마포구 토정로 222 한국출판콘텐츠센터 319호(신수동)
전화 | (02)719-7735   팩스 | (02)719-7736
이메일 | onobooks2018@naver.com   블로그 | blog.naver.com/onobooks2018

값 | 18,000원
ISBN 979-11-7043-499-3 03940